网红式店铺

内容营销下的电商运营新玩法

陈志民 著

電子工業出版社
Publishing House of Electronics Industry
北京•BEIJING

内 容 简 介

如今，网红经济已经进入“红海”市场，电商也面临着发展的瓶颈，网红与电商开始联手打破这一僵局。本书面向网红群体与电商企业，重点讲述名为“SPECIAL”的七点理论，旨在成为一本简明高效的电商教科书。

书中首先通过具体案例消除读者对“网红=花瓶”的误会，强调网红是个有前途的正当职业，而且是电商发展中的重要手段。接下来详细地解读网红电商养成的“基本法”，即“场景+定位+事件+团队”。电商网红打造的过程中，网红的自我修养、阶梯目标制定和遵守法律底线不可忽略，在这三点的保驾护航下，“网红+电商”才能成为一个有原则的新兴行业。

本书希望能为网红界或电商界面临困境的人答疑解惑，让他们能够通过简明易懂的理论知识和具有代表性的案例吸取对应的经验，从而打破困境，在风口上获利。不仅如此，本书还能为有志于电商或网红的创业者提供一条“网红+电商”的有效新途径，让他们摆脱初进行业的迷茫，拥有清晰的创业方向。

图书在版编目（CIP）数据

网红式店铺：内容营销下的电商运营新玩法 / 陈志民著. —北京：电子工业出版社，2017.2
ISBN 978-7-121-30877-2

Ⅰ. ①网… Ⅱ. ①陈… Ⅲ. ①电子商务－商业经营 Ⅳ. ①F713.365.2

中国版本图书馆 CIP 数据核字（2017）第 020477 号

责任编辑：石　倩
印　　刷：北京盛通商印快线网络科技有限公司
装　　订：北京盛通商印快线网络科技有限公司
出版发行：电子工业出版社
　　　　　北京市海淀区万寿路 173 信箱　邮编：100036
开　　本：720×1000　1/16　印张：16　字数：193 千字
版　　次：2017 年 2 月第 1 版
印　　次：2019 年 12 月第 3 次印刷
印　　数：4001~4060册
定　　价：49.80 元

凡所购买电子工业出版社图书有缺损问题，请向购买书店调换。若书店售缺，请与本社发行部联系，联系及邮购电话：（010）88254888，88258888。

质量投诉请发邮件至 zlts@phei.com.cn，盗版侵权举报请发邮件至 dbqq@phei.com.cn。

本书咨询联系方式：（010）51260888-819，faq@phei.com.cn。

前言

网红经济逐渐从蓝海市场变成了红海市场。网红经济被挤爆，大量的网红蜂拥而入，造成了网红行业的逐渐饱和。在新人不断涌入的过程中，老牌网红由于基础扎实在浪潮中屹立不倒，反倒是新一代网红不断地更新交替，寿命难长。那么，新生代的网红出路到底在哪里？网红经济怎样持续发展？“风口”又到底吹向哪里？

与网红同样面临困境的还有传统电商行业。电商与网红一样立足于互联网社会，在电商起步时，网络市场还未饱和，仅依靠用户的自然增长就能赚得盆满钵满。但 2011 年之后，由于微信、微博销售渠道的出现，开始分割电商这块大蛋糕，传统电商增长速度放缓，出现了停滞局面。流量红利在不断消失，新的分散流量的渠道却层出不穷，传统电商要如何应对这种不利情况？

传统电商亟须转型。纵观整个经济形势，不难发现，电商与网红联手是突破目前局面的不二法门。因此，电商将目光投向了自带流量的网红身上，网红也积极寻求与电商合作以求共赢，“网红 + 电商”成为一种全新的品牌推广模式。那么究竟该如何把网红和电商相加？

网红与电商需要磨合。不管在场景搭建、品牌定位、营销手段还是团队建设上，网红与电商都不能一蹴而就，而应细细谋划对策，争取以最好的姿态出现在“风口”，获取最大的经济效益。同时，遵守行业规范也是网红和电商必须具备的职业素养，更是长久发展的基本保证。

“网红＋电商”的模式效果显著，这是网红未来的出路，也是传统电商破局创收的明路。然而这条路还很新，即使是业界前辈，也是处于摸着石头过河的尝试阶段，后辈更不能急功近利，想要长久地留在网红经济的红海中，必须稳扎稳打，步步为营。

本书作者陈志民，同时以下人员参与了部分章节的编写：陈运炳、申玉秀、李红萍、李红艺、李红术、陈云香、陈文香、陈军云、彭斌全、林小群、刘清平、钟睦、刘里锋、朱海涛等，在此一并感谢。

目录

第 1 章

花瓶？对于网红你误会了

网红是清一色肤白貌美“V脸”大长腿的漂亮妹子？她们靠颜值走遍天下，似乎不用工作，却不愁吃穿用度，不愁恋爱结婚，一年有300天都在世界各地旅游，剩下的65天在有情调的咖啡馆品下午茶、在大牌专卖店买包包，在社交平台上晒出的照片总是美得不可方物，妆容精致衣着得体，活脱脱的人生赢家。对了，还有一个轻松维持的淘宝网店。如果你这样认为，那就误会太深，真正脱颖而出的网红从来都不是花瓶。

网红不仅有漂亮的网店店主，还有传奇多金的企业家、飞扬恣意的富二代、吐槽无极限的段子手、HP（Hit Point，生命值）满格的游戏主播等。说他们不是花瓶，但却外表光鲜；说他们是花瓶，但这些花瓶又太“瓷实”，价值千金，动不动估值过千万甚至过亿元。能撑起一种新兴经济模式——网红经济，身为主角的网红必然不会徒有其表，他们所付出的努力以及收获的价值远远超出我们的想象。

1.1 网红经济：红海中寻求突破

自20世纪90年代互联网在普通群众中普及开始，网红的发展就注定要成为不可逆的趋势。但网红大面积爆发并成为正当职业只是近两年的事，之前人们只是将它简单地当作一种网络现象，并抱有轻视的态度。忽然有一天，网红在不知不觉间占据了各大平台的头条。

如今，还有了专属的“超级红人节”（图1-1）。他们之中有的年收入过亿元，有的一个广告贴位招标过千万元，有的一条段子价值十万元……他们用红红火火的发展态势昭告天下：别再看不起我们，网红经济时代已经开始了。网红创造的产业到底有多大？

图 1-1　微博超级红人节

在 2016 年 5 月，第一财经商业数据中心（CBNData）发布了《2016 中国电商红人大数据报告》，预计 2016 年红人产业产值估值接近 580 亿元人民币。这是一个什么概念？他们近乎创造了一个小国家一年的 GDP（图 1-2）。单看后起之秀的直播行业，在 2015 年的市场规模约为 150 亿元，到 2020 年预计总规模还将上升至 1060 亿元。在如此推动下，无数个网红工作室在一夜之间出现，数以千计的网店线下工厂如雨后春笋般涌现，网红经济成为了新风口。

图 1-2　2016 年 CBNData 对红人产业值的预估

除网红自身的努力，消费者的支持和推动也不能忽视。与自媒体红人的广告盈利相比，电商依然是目前网红产业中最主要的商业方式。目前，熟悉网络又充满热情的年轻人仍然是电商最主要的消费群体。对网红电商来说，80后、90后是最大的支持力量，约占消费总人数的49%；95后、00后约占消费群总人数的17%，是未来的大客户。

虽然消费者遍布全国，但地域分配上稍有不均，江浙沪和北京、广州等一线城市是电商网红最被买账的地方，大概可卖掉网红店铺一半的商品，而二线及以下城市的粉丝们购买力稍逊，但还是买下了网店里剩下的另一半商品。那么，网红经济已是“红海”？

是的，网红经济基本上已经完全进入“红海”，虽然有人不这么认为。他们认为网红经济虽然鼎盛，但是，在短短二三十年内还未发展成熟，总体来看利润较高，还有许多待开发的领域，如网络视频直播等可以通过创新开辟出来，无论是科技创新、营销创新还是商业模式创新等，都成为较少有人竞争的盈利“蓝海”。

然而，网络科技发展一日千里，大幅盈利的“蓝海”面积越来越小，看好网红经济发展潜力的后进企业一拥而上，市场竞争已经白热化，价格战此起彼伏，部分领域，如社交APP等产品和服务趋向同质化，盈利幅度越来越小，“蓝海”的空间基本已经消失，可以说，网红经济已经进入了“红海”。为了在这个繁荣的产业里支撑下去，网红企业主动探索，交流经验的产业论坛不断（图1-3）。各类网红企业为了生存下去而展开合作足以表明当下网红经济的压力。

所有的企业都想在冷静平稳的“蓝海”里永远畅游，持久盈利，但不管多大的“蓝海”最终都会被慕“金”而来的同行们挤爆，转变为多人一起分羹的火热“红海”。在网红经济产业中，越来越多的潜力企业强势入驻，越来越多的行业标杆渐次崛起。网红们应借鉴典范企业的经验，壮大自身的力量。

图 1-3　2016 上海网红经济高峰论坛

1.1.1　名人做电商，陈冠希自创潮牌在天猫开幕

电商发展良好，名人做电商更是当下的潮流。所有的网红店主都想将自己的品牌经营为流行品牌，拥有广泛的知名度后带起更大的销量。网红们自创的服装品牌风格包括休闲、运动、正式，等等，其中有一种潮牌值得关注，潮牌服装个性独特、设计大胆、偏向小众。

如今越来越多地潮牌服装入驻电商，大有引领服装潮流的势头。潮牌风格前卫，热爱潮牌的多是 20 岁上下的年轻人。潮牌先流行于国外，很多潮牌已经一点点地发展成为大牌，如法国的 Givenchy（纪梵希）、德国的 MCM、美国的 Chrome Heart（克罗心）、日本的 Bape（猿人头）等。国内潮牌起步较晚，并且多由走在潮流尖端的明星打造，近年来也有百花齐放的态势。

比较著名的几个品牌有五月天主唱阿信创立的STAY REAL、主持人李晨的NIC（Nic Is Coming）和与潘玮柏合作的NPC（New Project Center）、歌手罗志祥的STAGE、陈冠希的CLOT等。最受欢迎的国内潮牌当属陈冠希老师的CLOT（图1-4）。

图1-4　CLOT的Logo

CLOT是陈老师于2003年6月创立的凝结集团（CLOT FAMILY）的简称及该旗下潮流服装品牌名称。CLOT主要以设计服装（包括CLOT品牌服装及香港的JUICE店铺）、策划聚会、帮服装公司做顾问等为主营业务。CLOT品牌服装是当之无愧的中国第一潮牌，在全球潮流品牌中占有一席之地。CLOT与Nike（耐克）、Pepsi（百事）、Levi`s（李维斯）、Disney（迪士尼）等都有密切合作（图1-5），而主营CLOT的店铺JUICE也成了香港的旅游景点。

图1-5　CLOT与Disney合作

CLOT 何以成为中国潮牌之首？香港本来就是国内潮流文化的发源地，与外国文化接触密切，接受国外前卫潮牌的时间早。陈老师更是明星中的时尚领头羊，如今满大街的时尚标志“卷裤脚”，极有可能来自陈老师。网友丝毫不吝对 CLOT 的赞美：“如果没有陈老师的 CLOT，中国潮牌就是一片空白。”更有网友评价说：“可以说 CLOT 曾经是国内最优秀的服装品牌，没有之一。中国潮牌真正的起步，个人认为是从陈冠希以及他的 CLOT 开始的，大多数年轻人受他的影响，开始关注潮牌，他也引进了很多的国外潮牌进入中国，为人们所知，可以说是影响了一代人。”

至今，CLOT 共有 6 家实体店，香港有两家，上海、台北、北京、长沙各有一家，除上海分店外，其他三家分店都是 2013 年之后才开设的。也就是说，在前几年，CLOT 的服装颇有些供不应求。为了开拓大陆市场，除了设立更多实体店，陈老师宣布入驻天猫（图 1-6）。

虽然 CLOT 早已设立香港官网，但只能用美金和港币购买，内地顾客购买不便。入驻大陆的电商市场无疑是一个绝佳的选择。实体店的衣服款式不尽相同，有很多内地 CLOT 粉丝会专门去香港旅游购买某一件款式的 CLOT。就像陈冠希在 CLOT 天猫旗舰店的宣传视频中说得那样：“很多内地朋友说，买不到我们的衣服，那现在有一个地方你可以找到全部 CLOT，这里有我们做的每一件每一款衣服。”

图 1-6　CLOT 入驻天猫

2016年7月15日，CLOT官方旗舰店（图1-7）在天猫正式上线，当天不仅有多项优惠，而且一口气推出28款限定单品同步发售，CLOT限量品是多么稀缺而抢手啊，陈老师竟然下血本拿出了28款。CLOT每一季不管单品还是系列，件件都是惊喜。如今CLOT不仅受到潮人的喜爱，还是许多明星心爱的品牌。

图1-7　CLOT天猫旗舰店界面

1.1.2　平台来投资，蘑菇街斥资3亿元支持旗下红人

由于网红呈扎堆状态，大多数网红如果没有绝对的实力和资金就选择单打独斗是非常不明智的，于是越来越多的网红倾向于与平台签约，也有越来越多的平台选择网红来推销自己的产品。有资本的平台会大力度投资对网红的管理与宣传，今天的高成本就是明天的高收入。

专注时尚女性消费者的电商网站“蘑菇街”（图1-8）是大力度投资网红的典范。作为面向18～23岁女性群体的电商平台，自2011年情人节在应用商店上架后受到年轻女孩的热烈欢迎，曾经小范围地捧红了不少会穿搭的姑娘，早已和网红联系在一起。网红崛起后，为了占领高地，蘑菇街加大力度与知名度较高的网红合作，同时还推出了网红最爱的直播功能。

图 1-8　蘑菇街

蘑菇街在 2016 年 3 月上线直播功能。蘑菇街打算怎么运用直播呢？蘑菇街相关负责人说，直播功能最初版本上线时，只有网红在直播间里展示穿搭，还没有相对应的成熟的商品购买通道。某网红在一次直播里展示了一身 180 元的穿搭，观看直播的用户非常喜爱并且要买，直播的网红就让用户发红包留言地址，一个晚上竟然卖了一万多元。这一次获利让蘑菇街意识到直播的高效，迅速打通了“直播 + 电商”的变现通路。

蘑菇街认准方向后，大手笔斥资 3 亿元支持旗下网红。纽约时间 6 月 23 日上午，作为中国现象级的当红文化代表符号，蘑菇街把网红们的在线直播实时同步到了纽约时代广场 LED 大屏幕上（图 1-9），其旗下敏恩、Demi 爷爷等 15 位红人主播，霸屏时代广场大屏幕，进行美妆、穿搭、健身等时尚内容的直播。时代广场位于曼哈顿心脏地带，是吸引全球目光的最佳窗口之一。登上这个世界十字路口的蘑菇街网红们收获了一个全新的称谓 ：“中国红”。

在霸屏时代广场的一个月前，蘑菇街曾试水把网红直播连接到了上海市中心的公交车站台显示屏上（图 1-10）。蘑菇街的工作人员表示会继续尝试在不同的媒体上直播，公交车、地铁、飞机等交通工具都可能是直播载体。“粉丝想让自己的网红去哪儿，我们就包下哪儿，哪怕是国际空间站。”当大家还在猜测蘑菇街下一站直播会在哪儿进行时，蘑菇街就占领了连广场舞大妈都没能拿下的时代广场，这可能是中国网红直播最高大上的体验。

图 1-9　蘑菇街网红占领时代广场

图 1-10　公交站显示屏上蘑菇街红人直播

在蘑菇街直播的界面中，除弹幕、点赞、送虚拟礼物、打赏等直播必备功能之外，作为一个购物 APP 怎么能忘了购物功能呢？因此，蘑菇街设计了一个购物袋标志，点击可以即时弹出店铺的商品页面进行购买，将在线直播和电商紧密结合在一起。在直播过程中，网红主播可以直接分享商品，将观众转化为购买力。蘑菇街将有无购买直通功能的两次直播做了对比。

首先进行了一次无购买功能的普通直播，第二天将商品购买功能上线，进行一场“直播上新打赏”活动，相比前一天无购买功能的直播，第二天有购买功能的频道访客增长 10 倍。蘑菇街知名网红许芸溪的店铺浏览量当天增长 112.6%，店铺成交额较平时增长 67.3%。翻番的访客就会带来翻番的潜在购买力，提升百分之五十的销售额更是体现出直播的超强吸引力。

2016 年 1 月，蘑菇街、美丽说和淘世界三大电商合并，正式更名“美丽联合集团”（图 1-11）。淘世界主打跨境电商，蘑菇街与美丽说对于目标群体、经营形势、商品风格则在很大程度上相重叠。最终蘑菇街 CEO 陈琪出任美丽联合集团的 CEO，原美丽说 CEO 徐易容带领合而不并的 HIGO 全力支持。两家实力电商企业的合并体现出网红市场的“红海化”，同时强强合并会带来更多投资，为广大用户和所有合作伙伴创造更大的价值，并在女性时尚媒体与时尚消费领域中进一步巩固领先优势。

图 1-11　蘑菇街 + 美丽说 + 淘世界 = 美丽联合集团

1.1.3 电商成网红，Only Anna 成电商价值第一名

在当今电商行业中，虽然淘宝、天猫、京东等老牌电商企业仍然如日中天，但也有很多中小企业和个人工作室如雨后春笋般涌现。这个新兴行业呈现出包容的特点，让任何有实力一搏的人都可以大显身手。在众多竞争者中，上进的网红店主们成为万众瞩目的电商红人，强大的吸金力让老牌电商们也要“抖三抖”，同时积极与出色的个人网红合作，以求共赢。

上面提到的第一财经商业数据中心（CBNData）不仅预估了 2016 年电商红人 580 亿元的产业产值，还根据网红的粉丝质量、变现能力以及未来成长性等发布了电商红人商业价值指数榜 TOP10（图 1-12）：名气稍欠的 Only Anna 高居榜首，我们熟悉的张大奕、Lin、雪梨 Cherrie、美美 de 夏夏啊等美少女们紧随其后。几天可完成线下实体店一年销量，年入过亿元的张大奕、Lin、雪梨 Cherrie 等作为网红成功教科书屡次被提上头条而广为人知，那 Only Anna 又是哪路杀出重围的“神仙”？

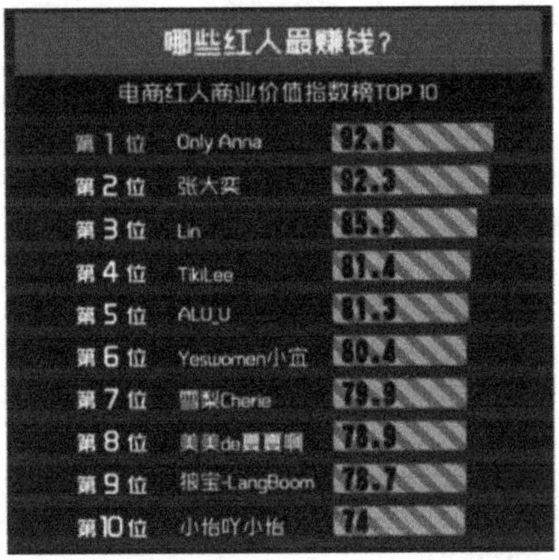

图 1-12 电商红人商业价值排行榜

其实 Only Anna 也是一个资历比较“老”的美女网红了，只不过前几

年网红还不受重视，近年逐渐走入大众视野却被淘宝力捧的张大奕还有国民老公王思聪的前女友雪梨 Cherrie 等出镜率较高的网红抢了风头。Only Anna 在微博上的吸引力确实跟上面提到的几位“当红炸子鸡”（比喻正在走红的人）有差距，至今，张大奕有近 450 万粉丝，Lin 和雪梨 Cherrie 有 250 多万粉丝，Anna 只有 109 万粉丝（图 1-13）。

图 1-13　@onlyanna

但是，Only Anna 的粉丝都是“铁粉”，经常转发、评论和点赞 Only Anna 的微博是基本的，抢到她的新品再 @onlyanna 展示买家秀才是重点。Only Anna 也经常会转发那些照片极美的买家秀来为自己的美衣打广告，赞美一句：“美美的 ~”就能让粉丝癫狂，呐喊到：“Only Anna 翻我牌子啦！”

刚才说到 Only Anna 家的衣服要用抢的，是的没错，就是要抢才能买到她的新品。在知乎上甚至还有人一本正经地提问：“怎样买到 Only Anna 家的第一批衣服？”竟然有人认真地回答：“起码要有差不多的网速，然后登录加购物车，搜北京时间，倒计时五秒钟开始准备提交，一般都没问题。”还有粉丝专门设立了一个“Only Anna 家转让求购微博”。Only Anna 家的衣服为什么这么火？

Only Anna 的店铺“ANNA IT IS AMAZING（ASM）”已达一金冠。一般网店是先做好成衣再销售，Only Anna 家则是先做出样衣展示出来让顾客预订，再根据预订的数量进行制作。Only Anna 家也有现货成衣，不过数量不多，一上架就被抢购一空。也就是说 Only Anna 家走的是高级限量预订的路子，是不是听起来就高端大气上档次？Only Anna 家的衣服价格确实有一些不太亲民，不过仍在小资美女们能够承受的范围之内，再加上风格优雅端庄，让爱美的女生欲罢不能，生怕抢不到新品（图 1-14）。

图 1-14　Only Anna 的淘宝店 ANNA IT IS AMAZING

Only Anna 能成为电商红人第一名首先是套路玩得深。预订、秒杀、互动一样不缺，把粉丝钓得死死的。ASM 能成长为如今的旺铺不仅由于 Only Anna 的号召力，更是因为衣服本身质量过关才能站得住脚。如果你也能像 Only Anna 一样做到“套路 + 质量”，下一个电商红人可能就是你。

1.1.4　抓紧！赶上网红经济的末班车

在经济发展的过程中，任何一种经济模式的不确定性才是常态，毕竟唯一不变的是变化。网红经济既有竞争又有盈利，网红相关产业看起来形势一片大好，似乎能够成为持久盈利的行业。实际上与主角网红一样，一浪高过一浪的后浪一使劲就把前浪拍在沙滩上了，快速地更新换代导致网红经济的寿命很难长久，我们能赶上末班车吗？

网红经济的寿命之所以不能长久，除开自身原因还有两大风险。首先，是粉丝的不稳定性。网络内容每分钟都在更新，对于“家事国事天下事事事关心”的粉丝而言，喜新厌旧也是常态。由于粉丝喜爱才被捧上天的网红会不会由于粉丝的厌倦而导致整个网红经济的衰退？其次，网红是一种快餐式文化，一旦网红衍生的价值与投资者眼中应产生的价值不对应，投资人会放弃这种资金支持，转而带着资本去寻找下一个风口来获利。有句话是说“当前太热意味着进入时机已晚”。

随着网红经济的爆发，行业将会迎来更多的跟风者和资本进入。短时间内有如此多资源和人力涌入，对整个产业来说是利是弊难下结论，但是不论是对网红还是对平台来说，竞争将会越来越激烈是一个不争的事实。根据以往互联网的发展规律，一个领域往往只有长期维持在领先地位才能算是成功。但网红有一个致命的弱点，就是热度很难长期维持在一个水平上。

1.2　内容变现：三分市场定

对于网红经济来说，天大地大市场最大。网红变现主打的内容营销一定要迎合市场才有出路。而市场就是粉丝，粉丝想要网红向左，网红不能向右；粉丝想要网红向上，网红绝对不能向下。那到底要如何根据市场变现内容呢？

1.2.1　流量拼抢——粉丝力量大无穷

网红经济的兴起得益于粉丝经济的鼎盛。网红经济的腾飞、电商模式的兴盛、社交 APP 的普及，都得托粉丝的福。由于经济价值巨大，粉丝现在被捧上了天，全网红社会如走火入魔一样痴迷着粉丝，这就让不明所以的人忍不住要问：粉丝是有多重要？

粉丝这个群体为什么能改变世界？粉丝何以成就一种经济形式？他们有什么巨大的力量？答案很简单：因为粉丝可以为网红大数据做出贡献，为网红拼抢流量。

流量是什么？这里的流量可不是手机里那永远不够用的流量。在网红经济中，通常说网站流量是指网站的访问量，是用来描述访问一个网站的用户数量以及用户所浏览的页面数量等指标，常用的统计指标包括网站的独立用户数量（一般指 IP）、总用户数量（含重复访问者）、页面浏览数量、每个用户的页面浏览数量、用户在网站的平均停留时间等。精准化营销异常重要。

所谓精准化营销，就是花钱就要花在刀刃上，这是成本考量的第一要诀，对于电商来说，如何将产品定向推荐给需要的用户，这在近几年以及未来几年都将会是不变的趋势。随着阿里上市、京东亚洲一号物流中心投入使用，目前电商圈由阿里系、京东主导的格局已定，尽管京东还未盈利，但越来越具备实现“千亿”愿景的实力。同时国美、苏宁、聚美等一批颇具实力的电商企业也逐渐完善各自的生态圈（图 1-15）。多家电商共同争抢流量，各家签约的网红又当如何？

图 1-15　电商生态圈

网红势必要借粉丝的力量来与对手抗争。网红电商模式有个等式："粉丝 = 流量"，粉丝越多，流量越多。于是、"电商拼抢流量——网红拼抢流量——粉丝拼抢流量"，归根结底是要靠力量强大的粉丝。粉丝就是一块砖，哪里需要哪里搬，网红还不对粉丝好一点？

1.2.2　内容竞争——玩命"撩粉"是常态

由于互联网技术快速的发展，各大电商平台竞争激烈，界面设计、网站风格、文案策划等都是竞争的要素。由于平台重叠，电商网红会想尽一切办法突出自己风格吸引用户，拼命地"撩粉"。在视频网红的冲击下，本来文字可以表达的内容被视频取代，这就让电商网红们想方设法地造就更有力的宣传内容。网红都在内容化、兴趣化和视频化，而取胜的重要条件就是打造优质内容（图 1-16）。

图 1-16　内容为王

如今，网红的整体"颜值"水平逆天，当"颜值"已经无法取胜时，网红们就必须大力投入到内容的经营中，用真正有价值的内容横扫四方，争做第一网红。令人欣慰的是，虽然网红们仍然追求外貌美的极致，但是越来越多的网红认识到了"内容为王"的生存原则，自己的生存之道在于内，而不是外。国外以自制迷你剧走红的网红 Jimmy，主打反串表演和喜剧，还参与过好莱坞大片的演出，他就坦言："粉丝不关心我本人，而是我原创的内容。”再加上视频 APP 和直播 APP 的崛起，电商行业也进入了内容为王的黄金时代，从网红个人，到平台，都致力于磨炼内容打造 IP (Intellectual Property，知识财产)，成为优质电商品牌（图 1-17)。

图 1-17　内容电商必然崛起

段子手插足电商后，电商的内容竞争就显得更加白热化。天才小熊猫化广告于无形、薛之谦“蛇精病”真人秀广告风、回忆专用小马甲情真意切做推广。这么多“大 V”一起出手，其他电商网红怎么能不紧张呢？他们的广告内容都有一个共同的特点：人格化。而人格化原创内容的输出能力，是制约某一位网红能否持续火下去的关键因素。空喊口号的冷营销早已过时，现在还有几个人在电视上大喊：“只要 998 元！只要 998 元！”喊十句不如段子手一句：“今天我用 998 元买了个 ×××……”

比如跨境电商“洋码头”找段子手界新人薛之谦做图文广告微博。在广告中，薛之谦邀请来了自己多年的好朋友君君，主题就是君君一直看手机不理薛之谦，薛之谦非常奇怪，非得扒着君君搞明白他到底在看什么，两个人摆出各种怪异姿势无所不用其极。

最终，薛之谦发现，让君君不理他的罪魁祸首居然是“洋码头”。广告非常搞笑，粉丝纷纷表示：“打广告我只服薛之谦！”、“这广告真是防不胜防！”这条微博最终获得 10 万多的评论，44 万多的点赞和 5 万多的转发。洋码头通过薛之谦快速地获取了知名度。

洋码头要感谢薛之谦“撩粉”帮它撩出了人气。其他电商也意识到了这一点，于是越来越多的电商选择与段子手合作，就是看上了他们能够生产丰富有趣的内容。电商竞争，网红“撩粉”是常态，这是一种正面现象，有利于网红电商不断地开拓创新。

1.2.3　优胜劣汰——出名的多，挣钱的少

网红市场逐渐饱和，想要出名越来越难。由于网红流水线的产生，同类出名的网红有很多；但又因为同领域网红密度太大，真正挣钱的网红又很少。微博易公司的副总裁徐志斌生动地形容了这种现象：“因为这一波大浪打过来的时候泥沙俱下，大家都扑腾进去了，所以水是浑的。但很快你会发现，学会游泳的人多了，然后‘浪里白条’出现了，‘冲浪高手’也出现了。”现在的网红都是高手，谁才能赚到钱？这时候，就要靠大自然的准则——优胜劣汰了。这种天然的淘汰机制是整顿行业的最佳方法，再多的高手也总能分出高低，淘汰掉跟不上时代脚步的，留下的真高手才能一直走下去。

网红经济优胜劣汰的一个重要表现就是直播产品的超速更迭。网络直播可以说是新兴行业。与线上叫车等新兴行业相似，网络直播行业的发展趋势一定是：先驱者创业，使得直播行业兴起；直播行业的良好发展吸引众多投资者以及竞争者进入；各平台开展价格大战，高价拉拢知名主播，低价拉拢粉丝和观众；优胜劣汰，无法承受价格大战带来的损失的平台选

择退出。

直播行业被少数平台把控，形成寡头垄断。这与当下打车软件在国内的发展基本一致。如今，国内的直播行业处于第三个阶段，这是平台观众和主播获利最多的阶段，也是平台盈利最少的阶段。

市场终究容纳不下几百家直播产品（图 1-18），虚火之后，只会剩下两三家大型的平台以及三五家垂直的平台，他们在历经资本运作及整合后继续发展壮大，而大部分碌碌无为的平台将会被淘汰。也就是说，直播“虚火”背后是优胜劣汰的开始。此外，目前业内已经开始研究相关法律法规，更好地规范直播平台与直播内容，官方措施也是推动直播淘汰更新的重要原因。

图 1-18　直播 APP 扎堆

直播平台的优胜劣汰必然会带来网红的更替。不能适应的网红退出，能适应的网红继续拼命。不要以为网红是一个动动嘴皮子、敲敲键盘就能赚钱的职业，这个行业的残酷程度远远超过大家的想象，网红经济的不稳定又会带来电商行业的洗牌。电商行业的优胜劣汰只会比网红的交替来得更猛烈。比如说一条税收政策就引起了一轮大规模的跨境电商洗牌。

2016 年 4 月 8 日启动实施了跨境电商进口新政，政府在取消了跨境电商保税进口免税优惠的同时，还对跨境电商进口商品的范围，以正面清单的方式做出限制。同时，针对保税进口的监管，也恢复到接近一般贸易的水平。本来宽松处理的跨境电商行业突然收紧，多数电商措手不及。

不管在哪个行业都违背不了“物竞天择，适者生存”的自然法则。尤其网红经济和电商行业一日千里，在重重淘汰中能坚持下来的更是少数。出名的多，挣钱的少，这就是网红经济和电商领域的现状。

1.2.4　职业！你指望网红有多努力吗

当偶像被抹黑时，会有粉丝为维护偶像大喊：“别黑我家偶像！你知道他（她）有多努力吗？”不明真相的“吃瓜群众”则普遍表示：他有多努力跟我们有什么关系？谁知道他有多努力？可能天知地知他知，反正抹黑的人不知，也不想知道。前几年普遍轻视网红也是如此，大部分人选择性地看见了网红们不符合日常生活的华丽外表对其进行评价，而忽略了网红之所以能够崭露头角在背后所做的努力。如今网红已经成为正式职业，还是年轻人最想尝试的新兴职业（图 1-19）。

网红确实很努力，但他们其实也不那么努力。营销手段大部分都是套路（图 1-20），这个套路不适用了就可以换另一个。网红套路可总结为八种，这其中也是网红的主要类型。KOL（关键意见领袖）、生活方式布道者、段子手、搞笑视频博客、淘宝店主、游戏主播、网络主播和萌宠博主。KOL 走高大上的一言千金风，生活布道者走最时尚的精致生活风，段子手走搞笑风，搞笑视频博客走视频包罗万象风，淘宝店主走颜值风，游戏主播走猎奇风，网络主播走“一切都能直播”风，萌宠博主走“萌死人不偿命”风。八种网红套路让网友们纷纷感叹道：“果真如此啊！果然一切都是套路！”

图 1-19　网红成为 95 后最向往的新兴职业

图 1-20　“这是套路……”

这个在快速网络社会产生的职业注定了有这个爱走捷径快速获利的通病。但套路也是根据市场的套路，粉丝也很吃这套。如今套路既然已经定下，网红还是应该在营销的内容上下功夫，用创新的内容促进电商网红市场的良性升级。网红兴亡，匹夫有责！

1.3 电商转型：七分靠打拼

摸准了市场方向之后就要靠电商自己的规划了。如今技术发展太快，不管是传统电商还是新型电商，都要不断根据市场状况和技术水平进行升级和转型，以求在电商红海之中畅游更长的时间。然而电商转型不易，不管是从品牌塑造、营销手段和技术手段上来说，都需要电商付出极大的努力。因此“三分天注定，七分靠打拼”，就算是大热的行业，也得努力拼搏。

国内电商是一个大市场，随着一级市场趋于饱和，以及高品质、中产阶级消费群体的崛起，跨境电商全球化会出现争相涌入的情景。越来越多在物流、支付各方面都比较有经验和能力的电商平台开始将自己的业务线向外延伸（图 1-21），如淘宝全球购、天猫国际以及聚美优品开放海淘专区、苏宁成立跨境电商项目组等。这不仅让消费者享受更多海外购物的便利以及资金保障，还让电商在开拓海外市场及引进外国品牌进驻上都会起到一定积极作用，实现多方共赢。

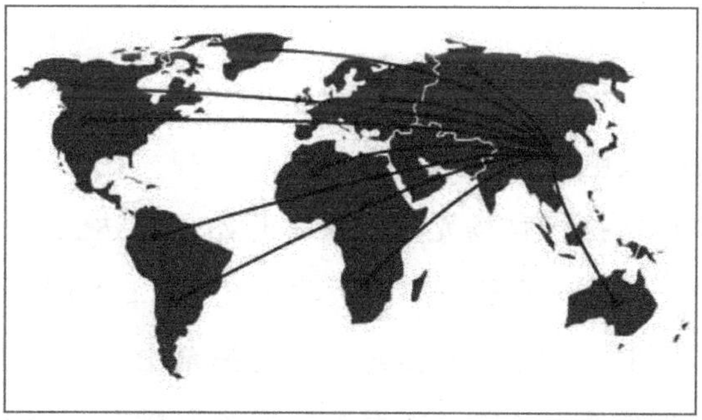

图 1-21 电商应走出中国

未来一年，受到国内外经济环境和外贸政策的影响，跨境电商将出现大的增长，但不会大规模爆发，在这一领域，综合性电商的平台优势更有竞争力。

1.3.1 网红 + 电商——挣钱姿势 SPECIAL

网红红得发紫之时，“网红 +”也不可忽视。那加号后面应该跟着什么？在互联网时代，正当红的电商就与网红联系了起来，并发展得如火如荼。成为了新风口的“网红 + 电商”模式也不负众望，迅速飞起吸引了大众的视线。“网红 + 电商”是新时代中产生的新经济模式，它是一种什么样的现象？面对哪些主体？究竟有什么样的作用？这些都是需要网红了解的重要问题。

这里要再明确一下电商的定义。什么是电商？我们不用专业的词语来解说，说白了电商就是在互联网上销售产品而进行的商业活动，是把现实生活中的商业活动，搬到虚拟的世界当中来进行的。这种交易的方式非常便利和快捷，打破了时间和空间的界限，是对传统商业形式的一个巨大变革，电商在我国的经济中占有越来越重要的地位。在网络的催化下，“网红”是一大热点，“电商”也是，有前瞻性的人将两大焦点结合在一起，于是，电商成了网红的致富经。

不仅草根网红做电商，企业大咖也来插一脚。在 2016 年端午节晚上，联想集团总裁兼首席执行官杨元庆在映客开始了长达五个小时的跨国移动直播。在直播中，杨元庆疯狂推广当天联想在 Tech World 大会上推出的旗舰新品 Moto Z 手机，同时从满屏的礼物与弹幕中，挑选了幸运的网友粉丝，向其赠送最新发布的 Moto Z 手机。这场直播在高峰时期最多吸引到 200 万左右的观众，超过了 Google I/O（Google 举办的网络开发者年会）

当时 100 多万的中国观众；在映客，直播的账号也增长到 30 多万人关注，Moto Z 手机销量看涨。

竞争如此激烈，想要在网红电商行业出人头地必须采取特殊的方式。网红们准备好特殊的（SPECIAL）挣钱姿势了吗？接下来就让我们来详细梳理到底应该如何 SPECIAL 吧！

1.3.2　S for Scene——场景紧扣品牌

何为场景？场景本是影视用语，指通过人物行动来表现剧情的一个个特定过程。从电影角度讲，正是不同的场景组成了一个完整的故事。在互联网行业中，场景指利用大数据、移动设备、社交媒体、传感器和定位系统这五种技术力量来重构的生活画面。举几个（图 1-22）成功例子：滴滴和优步搭建了新的出行场景；淘宝和天猫搭建了新的购物场景；微信和微博搭建了新的社交场景。

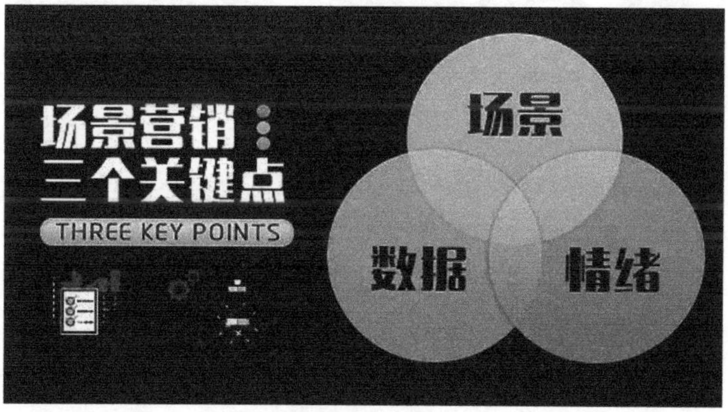

图 1-22　场景营销关键词

“场景”作为连接用户和商家的重要媒介，是品牌营销的必备手段，无场景不营销。有场景，有话题是最好的，那就直接顺应场景，没有话题，那就制造话题，制造场景。

正确的制造场景，应该是让用户在潜移默化中，将注意力聚焦在品牌本身。举个例子，乐视倾力打造的综艺节目《你看起来很好吃》（图 1-23），这款节目将明星的家作为拍摄场景，拉近了与观众的距离，而明星鲜明的个性特点和精彩的节目内容，更是获得了无数观众的喜爱。在这个节目中，有很多植入性广告，但它并不令观众反感，相反都是观众喜欢看的。

图 1-23　《你看起来很好吃》

例如，主持人曾宝仪在片中介绍电商品牌唯品会的口红——《太子妃升职记》剧组专属口红时，拳王厨师配合“VIP”动作，引出观众可在唯品会上购买口红，就是非常自然的广告。

再比如，当《太子妃升职记》演员“杨严”配合剧情在狂吃完桂花糕以后表示胃部不适，这时主持人曾宝仪顺时说出“你有不舒服的感觉吗”，胃药品牌吗丁啉的字幕就出来了，完全符合当时的场景。以上这种顺势而出的广告，在适当的时间和场景，充分达到了品牌诉求，激发了目标受众的需求，而且这本身就是节目，虽然有广告的痕迹，但并不令观众反感，这就是比较有效的品牌植入。

不是所有的场景营销，都能让用户把注意力集中到品牌本身。不能生硬的强推，品牌营销需要用受众可以接受的方式，而且不只是触达，要让品牌的价值得以实现，就必须驱动消费，这就需要将场景和话题内容相结合，做到全方位的传播。

1.3.3　P for Position——定位背靠相性

做电商的第一步就是进行品牌定位。产品的外观、功用、风格、目标群体、销售渠道、营销方式、行业竞争和自身条件都是品牌定位的要素（图 1-24）。产品定位其实简单点讲，就是解决产品和消费者关系的手段，也是和消费者沟通的筹码。消费者很复杂也很简单。

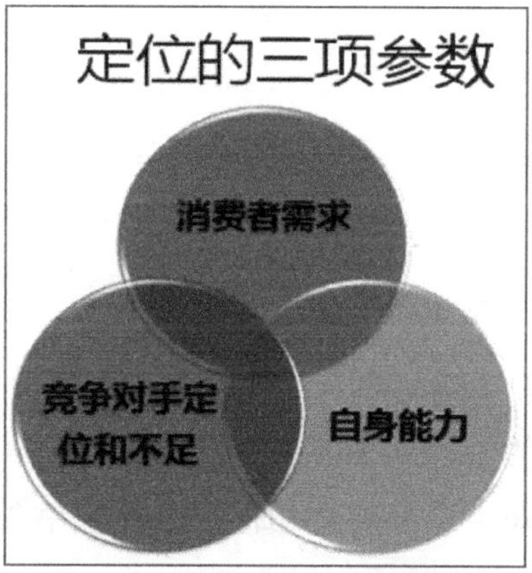

图 1-24　品牌定位参数

复杂的是他们喜好不同，各有所爱，产品尽管标注各项利益诱惑可能依然不符合他们的要求；消费者很简单是指他们虽然各有所爱，但是找到他们所喜爱的风格后，他们就会成为忠实的粉丝。所以只要产品能解决消费者的一个问题或满足他们的一个要求，那产品就会有市场。

能走入大家视野的网红个性极强，这就要求网红推出的产品要与他们自身的气质相符。比如说，如果一位网红因搞怪而走红，但是却开了一家全是蕾丝和雪纺的连衣裙网店，大家就会对其产生怀疑，认为他是不是“精神分裂”。这不是“反差萌”，而是产品定位的失误。美女网红就好好卖衣服，美妆网红就好好经营化妆品，宠物网红就代购一下宠物用品和食物，游戏主播就好好卖游戏周边和无关痛痒的零食。网红的产品品牌定位(图 1-25)，一定要符合自己展现给大众的气质，否则会得不偿失。

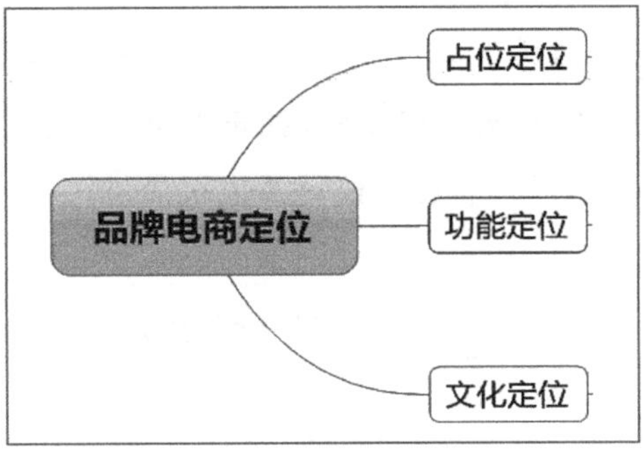

图 1-25　电商品牌定位

电商平台的定位也要明确。比如说跨境电商“小红书”（图 1-26）就成功定位了自己的品牌风格——“找好东西”，还获得了李克强总理的青睐。小红书是从社区做起的，因此小红书社区式电商使其内容十分丰富，图片和描述内容之高和“知乎”都有些相似。借小红书创造的社区，用户围绕着在国外可以“买什么”、“哪里买”、“多少钱才值得买”等问题展开讨论，而所谓的好货有不少就从讨论里被小红书的商务拓展团队挑出来，之后会在小红书的电商平台上销售，或与海外品牌达成合作。这种交流式电商平台使小红书粉丝黏度极高，小红书 APP 的下载量也常年占据榜首。

图 1-26　小红书 Logo

连总理都说：“希望你们成为这个领域里走在全国前列的创新型企业。”

1.3.4　E for Event——事件重在参与

当品牌场景和定位明晰后，就要开始炒作热度了，这时要摆出的这个特殊的姿势叫事件营销，在这里借助一个简单粗暴的例子进行解释。如果说一年里最当回事儿的节日是春节，那在电商界最重要的一天莫过于“双十一”购物节了（图 1-27）。这一天明明是天猫创立的节日，但在天猫取得了巨大的经济效益后，不管哪个电商平台都会参与进来，成为“双十一”促销的参与者。

虽然天猫的地位不可撼动，但“双十一”再也不是天猫的独角戏了。在每年的“双十一”购物节，电商都会用数字刷新人们的“购物观”。在令人迷幻的广告词和超大折扣的诱惑下，天猫在 2015 年“双十一”的销售额妥妥地超过 912 亿元，再一次缔造了电商的神话；京东低调地没有爆出具体销售额，但透露出了战绩喜人；苏宁的交易额与前几年相比也翻了几番；1 号店等其他电商也都是满载而归。

图 1-27 电商大事件——双十一购物节

只要参与了"双十一"购物节（图 1-28）的电商都会获得受益，不知道有没有电商后悔没有加入一年一场的大战呢？虽然电商挤破头，消费者却乐在其中。精彩的广告文案战争，"最低"、"惊爆价"、"底价杀"、"零元购"、"狂欢"、"提前放价"、"加场一天"等具有刺激性的折扣让平时没有网购习惯的消费者也会多看两眼。不止电商界大事件，其他领域的爆炸性新闻都可以是免费的顺风车，电商可不要摆出一副高冷的样子，参与一下总没有坏处，反而会借着事件的东风再上一层楼。

图 1-28 2016 年天猫"双十一"912 亿元的神话

1.3.5　C for Cooperation——团队建设至上

网红团队有两种，一种是签约孵化公司等平台，那样的公司老板是老大，网红是员工；另一种是网红自己成立团队做老板，招募员工。如果是签约平台，在正式签约后，团队就会帮助网红进行大数据分析，从而进行供应链的整合。一个网红的标配团队至少 10 人，包括 1 个服装主管、3 个设计师、2 个助理、1 个化妆、2 个摄像、1 个新媒体运营，一年下来至少需要投入 100 万元成本。投入培养成本很高，因此这一行有自己的退出准则，培养三个月不盈利就会放弃。

如果是网红自己组建团队，工作团队标配可以参考签约平台的网红。只不过与孵化公司相比，自创团队的网红更有领导性和自由性，让团队辅助工作。其实团队合作，必须做好分工（图 1-29），理清各自的责任，明确目的和目标。团队合作首先要确认目标，在目标为前提之下，确认该做的工作，再依轻重与功能分工。倘若未做好分工，则彼此之间容易推诿塞责，重要或困难的工作丢在一旁，没人去做。自己当老板的网红一定要有“火眼金睛”，防止员工“跑偏”。

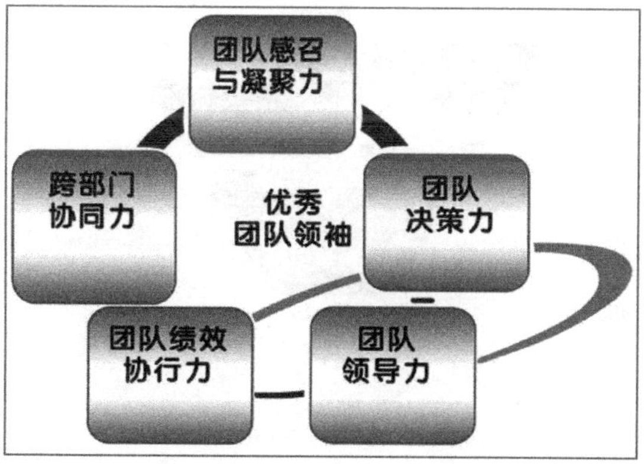

图 1-29　团队分工合作

如果网红决定进入电商行业，那团队必须更完善一些，程序员、美工、策划、编辑、推广、客服等各个环节的员工一个都不能少。程序员做网站，美工美化照片，策划辅助网红选题，编辑撰写有吸引力的文案，推广负责搜索引擎优化，客服解决消费者问题并拿下回头客。网红自己要做一个有威信的领导者，让团队所有的人都能够发挥自己的能力。

京东的倒三角管理模式就很有特点。刘强东将整个倒三角形分为四个横向，最底层才是团队。刘强东认为，在中国做企业有四种模式，一是官二代，二是富二代，三是有专利技术，四是什么都没有。而事实上普通创业企业中，更多的是第四种类型，京东也是如此，在什么都没有的情况下能支持企业走下去的只有团队。价值观匹配度和能力是京东选择团队人才的标准。

为打造一个优秀团队，刘强东用一种“洗脑”的方式，比如灌输京东的文化，比如让员工参与各种培训，既让员工认同京东的理念，又提升了他们的能力（图 1-30）。

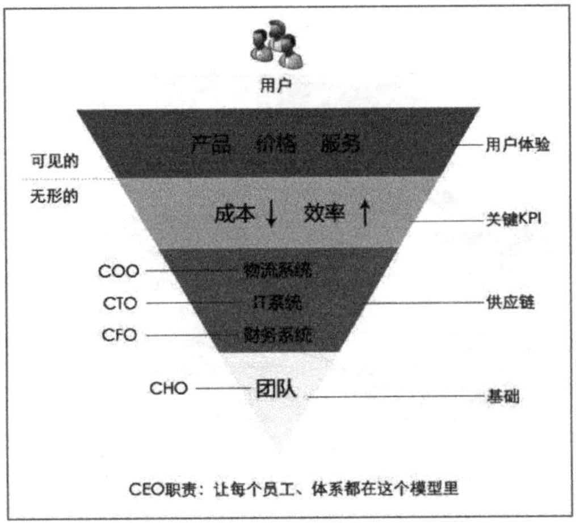

图 1-30 京东的倒三角团队模式

1.3.6　I for Idol——网红树立标杆

如果不是网红们太过耀眼，电商平台也想不到有朝一日会和网红达成深度合作，从而推动整个电商界的转型。可以说，是网红取得的优秀成绩为电商平台树立了标杆，告诉所有的电商平台，电商还可以这样做。网红树立了怎样的标杆呢？

最开始吸引大家目光的网红不是 papi 酱这类的微博博主，而是淘宝网红，不知道在哪一天，突然就有消息称淘宝网红竟然年入亿元（图 1-31），吸引了大众的注意力。那个年入亿元的网红就是“雪梨 cherie”。在 2015 年，由于和“国民老公”举止亲密的观看韩国天团 Bigbang 的演唱会，两人恋情被爆出，随后雪梨的身份被网友拔出，“年入亿元”再也不是秘密。雪梨不是淘宝网红中最吸金的那一个，但托“国民老公”王思聪的福，她一定是最受瞩目的那一个。

图 1-31　淘宝网红强力吸金

雪梨经营的淘宝店叫“钱夫人家雪梨定制”（图 1-32），2011 年成立，如今已是双金冠店铺。当时就有网友给她的淘宝店小算了一笔账：依据淘宝数据显示，到 2015 年 7 月止，雪梨的淘宝店有评价的成交单是 87 万元共 3331 笔，产品平均客单价在 220 元到 240 元之间，也就是说，她的淘宝店销售额超过 2 亿元。淘宝相关人员说，服装零售的平均利润率能达 45% 以上，如果到 2015 年结束，加上买完衣服还没给评价的成交单，估算她 2015 年净赚 1.5 亿元没有问题。

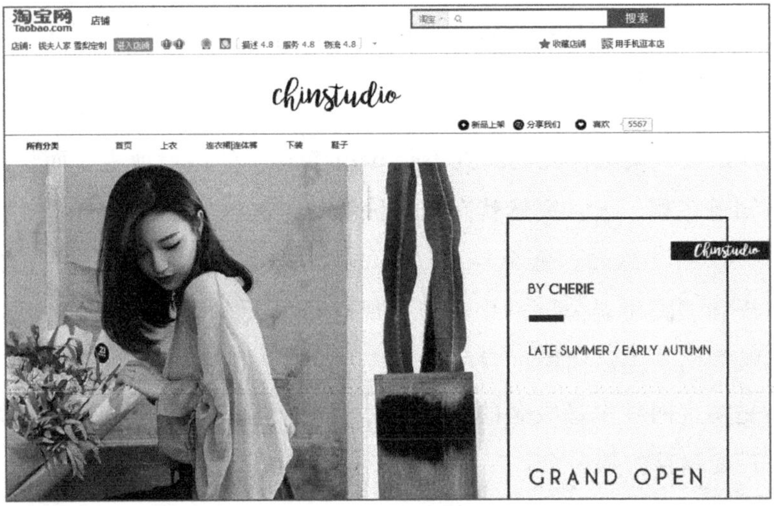

图 1-32　钱夫人家雪梨定制

王思聪带给雪梨的热度是其他网红所没有的，这之前，雪梨与其他淘宝网红的宣传方式大致相同。首先自己成为一个会穿搭的小型 KOL，在积累了一定粉丝群体后开设淘宝店，先是代销成衣，一边夸张地表现出创业不易吸引粉丝认可，一边顺势推销服装。再一步积累更多人气后，资金更充足，这时就拥有了自己的服装厂，也就有了更为独立的自创品牌。

由于衣服质量还不错，价格又公道，不断地吸引着小资白领们前来购买。雪梨还经常通过短视频和直播宣传产品，让粉丝更为直观地看到产品的原样，也更为直接地和她展开交流。雪梨推广品牌的路数不就是当今电商网红的路数吗？正是有雪梨这样的先锋网红打头，才有了现在“电商 + 网红”的新模式。在网红经济中，网红的标杆作用不可小觑。

1.3.7　A for Aim——目标决定眼界

自网红经济兴起，电商与网红就是水乳交融的关系。目前传统电商陷入转型僵局，不妨放下身段，树立一个攻进网红市场的目标，将眼光放得长远一些。有不少反应迅速的电商已经跨进网红市场，如苏宁易购、唯品会、京东等，今天的它们会无比庆幸当初选择与网红合作。

“网红 + 电商”到底有多大能量？来看一组数据：苏宁易购红人直播间（图 1-33）在 2015 年 6 月 18 日观看人数累计超 100 万人次，相当于坐满 20 个南京奥体中心的观众；直播互动数达 30 万条，平均每秒产生 83 条弹幕留言，不仅如此，红人直播间的导购效果明显。直播期间苏宁易购页面流量同比增长 280%；当晚 1 小时的直播时间内，联想 ZUK Z2 手机预约量突破 10 万台。

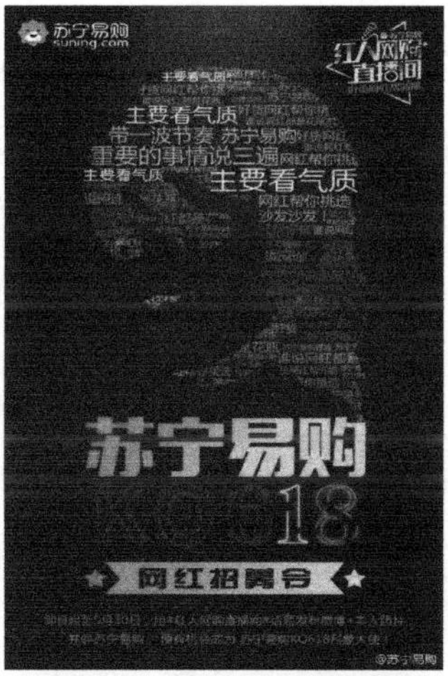

图 1-33　2015 年苏宁“KO618”网红招募

网红经济是粉丝经济在互联网上的重要体现。网红直播和电商的结合，不仅会吸引到高忠诚度的粉丝用户，更能将品牌影响力扩散出去。“这次我们开启苏宁易购红人网购直播间，邀请十几位网红代言，其实想充分发挥直播平台的互动特性，通过网红与粉丝的互动带来流量，以社交而不是传统促销的方式实现销售。简单来说，就是让大家一起边玩边买。”苏宁易购市场相关负责人说。

社交电商的风口已经到来，作为新一代的流量入口，网红的商业价值必然会达到前所未有的高度。经过大家的热捧，网红的身价自然也会水涨船高，对合作方的选择也会更加谨慎。电商需要拿出更具诚意的方案，才能实现双方经济价值的最大化。总而言之，移动互联网时代，无社交不电商，面对社交电商时代的全面开启，是把自己打造成网红，还是寻找你的专属网红？

1.3.8 L for Law——法律还是底线

守法是每个公民都要遵守的社会原则，是需要履行的社会义务，是每个行业不言而喻的职业操守。网红作为公众人物更要起到表率作用。网红守法，不但是对粉丝负责，更是对自己负责。电商也是如此，应遵守法律法规和行业默认的公约，为塑造适宜的发展环境而自觉自律。

“直播 + 网红 + 电商”成为电商营销的热门模式，但由于网络社会法律法规不完善，始终有违法行为猖狂的死角，直播领域更是严重（图 1-34）。为规范网络表演等互联网文化市场经营秩序，在 2016 年 7 月 12 日，文化部下发第 25 批违法违规互联网文化活动查处名单，斗鱼、YY、熊猫 TV、战旗 TV、龙珠直播、六间房等多家网络直播平台因涉嫌提供含有宣扬淫秽、暴力、教唆犯罪、危害社会公德内容的互联网文化产品，被列入查处名单，付出了一定的代价。

图 1-34　网络直播频现色情暴力

我国已是有着近七亿网民的网络大国，网络市场资源丰富、潜力巨大。为了抢占市场，一些自以为聪明的电商企业贪心不足，把“上有政策，下有对策”的小把戏搬到了网络社会；部分只追求经济利益，抛弃了良心和社会责任的网络直播平台审核不严，纵容“钻入钱眼”的网络主播博出格，导致一些直播房间成了传播低俗、淫秽、暴力等有害信息的集中营。

网红的求利之心太严重，网络社会又相对浮躁才造成了这种恶劣的情况。为了网红电商发展的长远考虑，这种情况应尽快杜绝，还大家一个纯净的发展环境。

电商和网红都依靠网络而红，为了规范最基本的生存环境，“网络底线”这一概念在 2013 年就已经明确提出，在由国家互联网信息办公室举办的“网络名人社会责任论坛”上，邀请了具有公众影响力的网络名人达成共识，提出网友应遵守的“七条底线”（图 1-35）。分别是：法律法规底线、社会主义制度底线、国家利益底线、公民合法权益底线、社会公共秩序底线、道德风尚底线、信息真实性底线。这七条底线听起来非常虚幻，却是最简洁明了的具体底线概念。

图 1-35　网络“七条底线”

然而还是有很多网红和电商企业选择性地忽略了七条底线，试图拉低底线的标准来满足个人利益，这种做法是绝对不可取的。底线是社会大众的共同认知，很难断定边界；法律则是明确的必须遵守的条条框框，是把无线被拉低的底线拉回正路的有力武器。不管是法律还是底线，都是电商行业的有益规范，绝不是徒有其表的条例。网红和电商切勿忽视法律和底线为所欲为，否则终将自食恶果。

第 2 章

场景，网红只不过是我的表面工作

大家能看到的网红的工作内容有什么？穿漂亮的衣服、晒美美的照片、尽心尽力地宣传自己的网店、绞尽脑汁地写搞笑段子、呕心沥血地剪辑内容丰富的视频等。其实这些都是最为基础的表面工作，他们的真正目的是——搭建场景。当你开始关注一个网红，说明你已经被成功“洗脑”，主动走进了他搭建的场景之中，成为网红经济链中的一个“环节”了（图 2-1）。

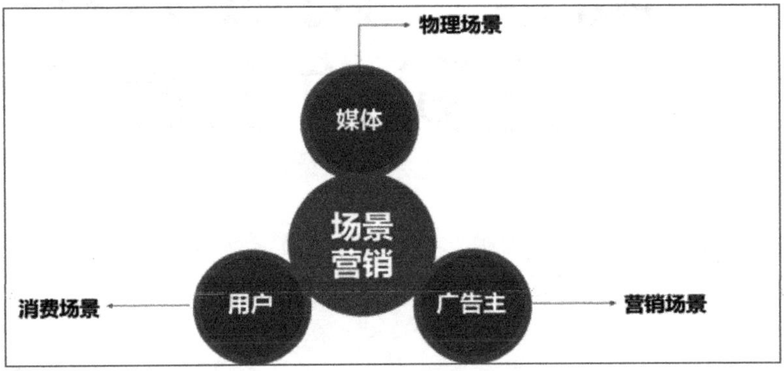

图 2-1　用户是场景影响的环节之一

如今已然进入了场景时代，对于网红电商来说，场景营销必不可缺。场景可以是线下的真实场景，也可以是线上的虚拟场景。现在人们时时刻刻处于场景中而不自知，这也显示出了场景潜移默化的强大影响力。场景应该如何搭建？有何作用？有哪些搭建场景的成功案例？

这一箩筐的问题都是经营电商的网红们迫切想要了解的难点。搭建场景不能一蹴而就，没有捷径，现在来一起梳理一下场景营销的弯弯绕绕吧！

2.1　场景渲染：给产品打上镁光灯

“罗辑思维”的联合创始人之一吴声曾将场景与产品画上等号，认为产品即场景。的确，产品与场景密切相关，产品置于某种场景之中才会发挥功用，场景则起到了一个烘托作用。场景渲染得越真实，为产品打上的镁光灯越耀眼，产品越有销路。

“耀眼”不能过度，产品与场景相得益彰才好。在用户某个生活场景中，适时提供其可能需要的及关联的产品或服务，便能获得最大的爆发能量。吴声以“咖啡 + 用途 = 品牌”的形式举例梳理了产品与场景的搭配情况：咖啡 + 商务 = 星巴克、COSTA；咖啡 + 闲聊 = 漫咖啡、咖啡陪你；咖啡 + 图书 = 字里行间、雕刻时光；咖啡 + 方便 = 连咖啡。不同的咖啡品牌根据不同的咖啡特点搭建了新的场景，针对不同的目标人群发挥了咖啡这一产品的最大功用。

场景这个东西听起来有些虚幻，其实也有套路。四通八达的网络就是钢筋水泥，取之不尽的创意就是油漆涂料，网红电商就是勤劳的工匠。到底该如何搭建场景呢？古有《孙子兵法》百战百胜，今有“场景搭建法”百试百灵，不妨尝试着去探一探究竟。

2.1.1　曲线救国——捧产品先搭建一个 ID【方媛】

网络世界中人人都有 ID。何为 ID？ ID（Identification），意为身份证明。人们行走江湖需要一个身份，在真实社会中尚且如此，网络社会也一样。人们如果想访问某个论坛网站，往往需要注册一个 ID，这个 ID 就是你在网络中的身份。与现实生活不同，网络社会是虚拟的，网民使用的姓名、年龄等相关信息也可能是虚拟的，但 ID 不管是真实姓名还是昵称，都是网民在网络社会中的身份，是他们在网络上活跃的证明。

对于想要推广产品的人来说，与其一味地宣传产品，不如先搭建一个

ID。换句话来说，先打造一个有名的ID，即成为网红，再依靠名人效应推销产品。虽然只是行动顺序颠倒一下，绕了个远路，但却能取得事半功倍的效果。原因何在？产品是死的，人才是活的。产品不会说话，再怎么大力宣传也只是冷冰冰的推销，无法营造出我们强调的场景让消费者融入其中。

不妨先打造一个ID，巩固粉丝基础，搭建好自己独有的场景之后将产品顺其自然地置入其中，让消费者不知不觉间就习惯了这种产品，不得不买。

有名的网红店主们玩得都是这个套路。他们先成为了网红，然后逐步打造自己的品牌,最后才成为网红店主。搭建场景是一个潜移默化的“洗脑”过程，暗戳戳地就笼络了人心，收获大把粉丝。网红当然不会把这个过程提到明面上来说，只不过明眼人一看就懂。有一位美女店主将这个过程表现得非常明显，让大家不知道该吐槽还是点赞。她就是郭富城的女友方媛。

方媛是一名不折不扣的网红。她曾是一名模特，走日系名媛风，面容姣好，身材火辣，曾在香港发展过一段时间，2012年后隐退。2014年再次出现在大众视野时，她已经成为了当时大众口中的网红，晒晒美照、开开网店，依然延续着精致名媛的风格，但是一直不温不火没溅起多大水花。

有道是不鸣则已，一鸣惊人。2015年年底，郭富城只用一条微博(图2-2)就拉着他的名不见经传的小女友登上了汪峰老师难以企及的头条。图片是郭富城在开车时拉着方媛的手，附文：“这样开车要慢一点。”

这张“开车要慢一点”迅速传遍网络，不到一晚的时间全国的网民都知道郭富城公布恋情了。对于这段恋情大多数人唱衰，不过两人时不时发发微博秀恩爱，郭富城贴心地帮女友拦个狗仔什么的，让大家逐渐转变了看法。当时正值网红大火，大家对方媛的网红身份并没有评头论足，只是对方媛的一个举动略有非议。在恋情曝光后，方媛发微博感谢大家的祝福，顺便附上了一条价值 528 元羽绒服的淘宝链接。网友纷纷评论："这也太急了吧？"方媛的走红带动了她对自己场景的搭建，这个宣传店铺的时机虽然让人诟病但十分合适。不用多说，方媛走红之后，网店的销售量一定会一增再增。

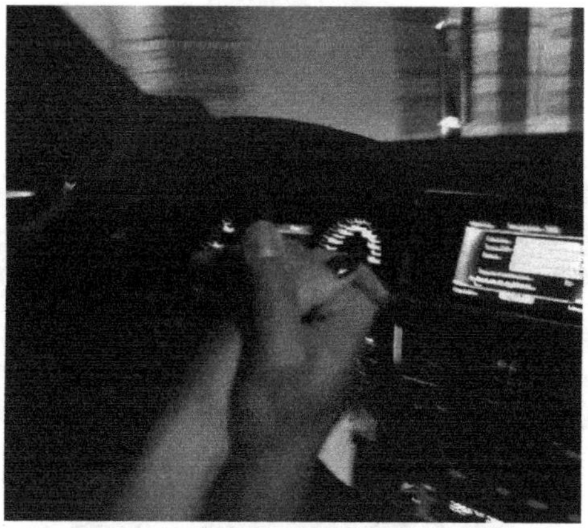

图 2-2　"这样开车要慢一点。"

"套路玩得深，谁把谁当真？"话虽如此，但深陷套路无法自拔的不只是网红，网友们也口是心非地一个接一个"往坑里跳"。网红、场景和产品三种要素缺一不可，网红来搭建场景，场景用来推广产品，这个正确的套路，你学会了吗？

2.1.2　暗度陈仓——场景以品牌价值为核心【饿了么】

产品即品牌，产品定位与场景搭建一定要相符。而场景搭建是品牌构建的一个重要环节，场景最后是什么样子就意味着呈现出来的品牌气质是什么样子，因此，搭建场景应以品牌价值为核心。在"产品——场景——品牌"

链条中，品牌构建才是终点，也是重点（图 2-3）。产品和场景都为品牌服务。

电商场景化时代，每个品牌都在尽最大的努力搭建既符合自身品牌形象又能吸引顾客的场景。改变原有生活场景的滴滴出行、淘宝、微信等老大们自是不用再提，我们身边还有很多优秀的场景营销案例，衣食住行一个不差，来看看大家最喜欢的“吃”的一个优秀的场景搭建。

图 2-3　品牌价值的重要性

2015 年，外卖 APP 和网红一样横空出世，一时间，饿了么、美团外卖、百度外卖（图 2-4）等手机外卖应用大火，几乎人人手机里都下载了一个或几个。虽然这类 APP 在 2015 年共同走向鼎盛，但创立的时间并不相同：饿了么创立于 2009 年，美团外卖 2013 年上架，百度外卖 2014 年上线。饿了么最早抓住外卖商机，也是收益最好的外卖 APP。相较于美团外卖和百度外卖，饿了么的场景搭建更出色，为它吸引了大量的消费者，这也是它领先于其他应用的原因之一。

图 2-4　饿了么 & 美团外卖 & 百度外卖

“饿了别叫妈，叫饿了么！”是一句相当出色的广告词，巧妙地将本来的生活场景与它搭建的场景相结合。在生活中孩子饿了会哭着找妈妈，饿了么把自己和亲切的妈妈画上等号，突出自己要搭建的场景：随时随地提供美食。为了进一步稳固场景，饿了么邀请风评极佳的演艺明星王祖蓝代言，并根据王祖蓝的搞笑喜剧风格与爱奇艺联手打造了爆笑神剧《饿了别叫妈之走火入模》（图 2-5）。

图 2-5　《饿了别叫妈之走火入模》网剧

后来饿了么发现不应只有搞笑，于是下血本邀请了极具影响力的篮球明星科比与王祖蓝联合代言，这可不得了！科比是谁？湖人队老大！24 号“黑曼巴”！关注科比或饿了么的粉丝炸了锅，纷纷下载 APP 来个一探究竟。两位不同风格的代言人就是饿了么的品牌风格：搞笑派 + 实力派。

实力派饿了么在经营好本领域的场景后，还玩起了跨界场景营销。出行 APP 龙头“滴滴出行”入股饿了么，两家 O2O 典范企业携手开启了新的营销场景（图 2-6）。饿了么外卖配送的工具多是电动车或自行车，与滴滴携手则是告诉大家：外卖也可以用汽车送！格调再一次凸显出来。最终，饿了么通过场景搭建营造的品牌形象就是方便快捷、轻松幽默、接地气又高大上，这也是它的品牌价值。

图 2-6　“饿了么”携手“滴滴出行”

饿了么的场景营销说明在品牌价值与场景相符合的情况下，当场景趋向饱和时，有能力跨界搭建场景也是极好的选择。跨界场景可以扩大品牌影响范围，吸引更多不同领域的消费者，促进品牌升级转型。但无论如何前提都不会变：场景以品牌价值为核心。

2.1.3　头脑风暴——虚拟场景增加粉丝代入感【buy+】

科技发展日新月异，超出生活水平的黑科技越来越多，似乎距离能轻松去太阳系外遨游的日子也不远了。人们越来越喜欢看不见摸不着的虚拟场景，比如说选择电影时，多数人倾向于选择超出现实科技水平的高能科幻片，而不是贴近现实的生活类影片。因为在好奇心的驱使下，没有人不喜欢新奇玩意儿，所有人都在向前看，不曾拥有的才是永远的追求。

消费者也是如此，他们购买产品的原因往往是因为生活中缺少这类物品而产生好奇心理。因此，如果能在购物中给他们一个体验的机会满足他们的好奇心，那么无疑会保证销量。这就是为什么淘宝服装网店大行其道的同时实体店仍然门庭若市，网店再便捷也无法让顾客试穿衣服，实体店还占据着体验营销的优势。如果有一天，网店也上线了试穿功能会是什么样的景象？

黑科技听起来像天方夜谭，但大家都在盼望有一天能实现。致力于让大家“败家”的“马云爸爸”没有错过这个商机，在 2016 年 4 月宣布淘宝将推出全新购物方式“Buy +”（图 2-7）。力争用科技的武器在面临饱和的电商市场杀出一条血路，“Buy +”使用 VR（虚拟现实）技术，利用计算机图形系统和辅助传感器，生成可交互的三维环境，突破时间和空间的限制，真正实现各地商场随便逛，各类商品随便试。

不需要出门，不需要在沙丁鱼罐头般人来人往的商场里忍受拥挤，不需要麻烦地脱穿衣服，不需要在认真地挑选时顾及服务员不耐烦的眼神，不需要大包小包提回家，选好衣服加入购物车，就可以在线结算等待快递上门了，一切都太美好。

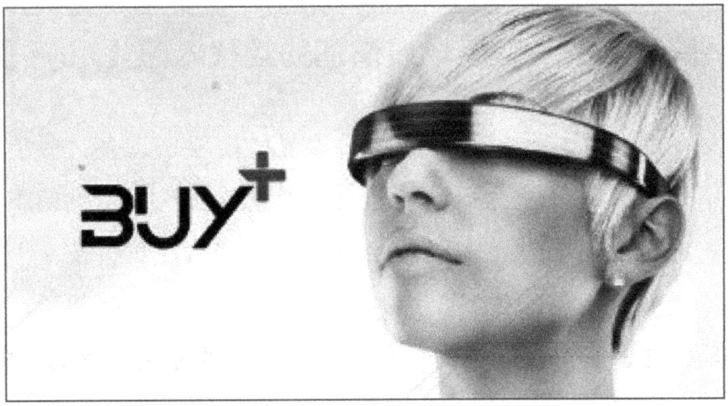

图 2-7　淘宝 Buy+

在宣布上线“Buy+”的同时淘宝发布了一则火爆全网的关于“Buy+”的概念视频，在视频中模拟了“Buy+”可以形成的效果。戴上支持“Buy+”技术的 VR 头显设备后，世界开始变化。比如说，如果要挑选一款沙发却因为尺寸问题而为难时，“Buy+”可以直接把沙发放到家里，一点一划之间随意挑选沙发，不需要扛来扛去；如果想要买漂亮的衣服却不愿意出门，没事，在家里穿着睡衣也可以美美哒。

戴上头盔显示器后仿佛走入了实体服装店，一件件华服就挂在手边，想穿哪件点哪件（图 2-8），让人直呼：So easy（就是这样容易）。“Buy+”的概念视频太惊艳，粉丝们有些担心：能实现吗？

科技不会一蹴而就，但也不会故弄玄虚，为了扫除大家的疑虑，“Buy+”概念 2016 年 7 月在上海举办的“淘宝造物节”落地亮出首秀（图 2-9）。“淘宝造物节”是淘宝首次举办的超大规模线下活动，展位无数，“Buy+”展台脱颖而出，平均排队时间超过两小时，很多人都想体验一下 VR 技术到底是怎么玩的。本次“Buy+”呈现两个购物场景：女包和男女内衣。

图 2-8　使用 Buy+ 的效果

图 2-9　“淘宝造物节”Buy+ 展位

只要戴上 VR 眼镜，眼前场景立刻转变，进入华丽的虚拟商店，浸入式的视觉体验瞬间把你同喧闹的展厅屏蔽开来，拿着手柄设备，就可以和友人一同逛街。在购物时，实体店的购物经验与网上购物经验相结合，可以和导购机器人“小雨”交流，360°无死角观察包包，尝试不同颜色尺寸的内衣，甚至让模特展示内衣的穿着效果，还可以查看买家秀视频，如果看中，就支付购买。体验过的粉丝感叹道："内衣还能这么买啊，比维秘秀还好看！"

"Buy+"的出现再次证明了技术的影响力，然而这次应用展示的最大意义不在于提供一种新鲜的技术，而是展开了一种新的电子商务模式。这种模式的关键词有三：虚拟、代入、体验。不是现实，但胜似现实的虚拟场景给了消费者极其真实的代入感，让他们有了一次绝佳的消费体验，这次体验会促使他们持续关注这个场景，成为该产品的忠实粉丝。

不得不说人类智慧真的无穷大，"淘宝造物节"的宣言说得好："每个人都是造物者"（图 2-10）。造物者们的头脑风暴带来了各个领域的革新和创造。阿里巴巴首席市场官董本洪说："大家经常会用'神人神店'来形容淘宝上的人和事，是因为淘宝上有太多奇思妙想、太多拍案叫绝。而这背后，创造力，特别是年轻人的创新创造精神成为淘宝生态最活跃的因子。""Buy+"一定不会是创造力的顶峰，越来越多的黑科技将造福消费者和企业，带来共赢。

图 2-10　"每个人都是造物者"

2.1.4 【例】张大奕，从电商模特到模特电商

张大奕，美少女一“枚”，网红界传奇人物，活体电商网红教科书。她拥有双金冠淘宝店铺“吾欢喜的衣橱”，在 2015 年淘宝 C 类女装店铺销售额排行榜中位列第二名（图 2-11），在“双十一”购物节一晚上销售额就超过 6000 万元。这是一个什么样的概念？千件上新的服装在几分钟内被抢光，三天就可以完成线下实体店一年的销售量。有传言说，张大奕的收入甚至超过了范冰冰。这个看起来单纯无害的姑娘到底搭建了一个多么强大的场景？

2015年淘宝女装C店销售额排名

排名	店铺名称	网红店主
1	戎美	
2	吾欢喜的衣橱	张大奕
3	毛菇小象	
4	CC Studios家皮草	CC
5	小虫米子	
6	大喜自制独立复古女装	赵大喜
7	于momo潮流女装	于梦姣
8	dimplehsu	
9	LIN EDITION LIMIT	张超林
10	MIUCO	

图 2-11　2015 年淘宝 C 类女装店铺排行榜

如今，电商网红张大奕有些被“神化”，大家都过度关注她创造的经济价值而忽略了她原本的努力。张大奕是平面模特出身，曾是时尚杂志《瑞丽》、《昕薇》、《米娜》等的御用模特，也为 KFC、康师傅等品牌拍过广告。在 2010 年，张大奕开通了微博，之后经历了约三年左右的尴尬期，一点点地积攒着粉丝和流量。在 2014 年 4 月，已经小有人气的张大奕发布微博宣布开店。

“做自己的店，能力所能及，我必当全力以赴！”本来美上天的她一天要蓬头垢面地工作十多个小时，店铺管理、服装设计、面料调训、打版上

新等都要亲自动手，在不懈努力后，张大奕用一年半的时间登上淘宝网店的 TOP3。淘宝也看重她的能力和人气，张大奕隔三差五就会出现在淘宝的首页推广中，还是红人素颜大赛（图 2-12）的第一名，成为淘宝女装“扛把子”。

图 2-12　2015 年淘宝红人素颜大赛（左中为张大奕）

由于张大奕出色的成绩，她成为 2015 年搜狐时尚盛典年度电商模特候选人，成为网红的代表性成功人物。踏着网红经济的潮流，张大奕的生意越来越红火，甚至跨界卖起了手机。她与美图手机合作，推出了“美图手机 M6 张大奕限定版”，共两千台（图 2-13)。2016 年 8 月 13 日晚，张大奕在美拍直播中一边吃饭一边售卖这款售价为 2699 元的限定款手机，正式开售后仅一秒便售罄下架，人气相当火爆。据统计，本场直播销售总额达 500 余万元，再一次刷新了人们对网红吸金力的认识。

对手机厂商来说，与网红携手是一个新鲜的尝试，也是一个不可逆的趋势。对张大奕来说，这次合作应该是“早有预谋”，早在 2014 年，张大奕就与美图手机有合作，不过仅限于转发抽奖送手机。本次的深度合作也是张大奕自己半年前主动找到美图谈妥的。

张大奕说，她并不是想通过卖手机赚钱，而是为了自己店铺的品牌和宣传："主要是品牌调性相符。而且更多的跨界合作，对店铺的品牌形象和增值都有很好的作用。"

图 2-13　张大奕与美图手机合作

这也并不是她第一次通过直播来进行售卖，在 2016 年 6 月，她在淘宝直播上进行了一次长达 4 小时的店铺上新直播，吸引了 41 万多的粉丝进行观看，超过明星柳岩此前保持的 14 万多的观看纪录。这场上新直播，也刷新了通过淘宝直播间引导的销售纪录。直播结束之后，她的淘宝店铺"吾欢喜的衣橱"正式开始上新，在两小时内成交额达到近 2000 万元，红红火火挡不住啊！

大家眼里的成功人士张大奕如何看待自己的成功呢？张大奕的回答机智又可爱："在对的时机，做对的事情，人还蛮可爱的，然后卖的衣服也还可以。"的确，她果断站在了网红经济的风口上，在电商的大风刚刮起时收获暴利，还领先其他同行一步，竞争实力强大。张大奕带领了新的网红潮流，从为电商们做专职和兼职模特，到模特转型电商，IP 才是决定电商发展的关键。

如今张大奕的微博粉丝已经接近450万人（图2-14），是一个名副其实的KOL（关键意见领袖）。粉丝的信任赋予了张大奕义务感："我是公众人物，我的话会影响他们"。但她又是一个反套路的KOL，有自己的主见，不完全服从粉丝："我们是平等的，做自己，我是非柔软型。"这不影响她和粉丝相亲相爱。张大奕看得很清楚："每个网红都是用性格去面对粉丝。"她直率的"反营销"式的场景搭建反而俘获了大批"死忠粉"。电商还在继续，不知张大奕还会创造什么样的神话？

图2-14 张大奕的微博

2.2 搭建场景：你可以这么玩

如果神话创造者张大奕还没能让你理解搭建场景的精髓，没关系，这里还有很多场景搭建典范来供大家参考。百花齐放的电商时代虽然竞争激烈略显残酷，但好在从来不缺优秀的人才，到处都有经验可以借鉴。一切理论都是纸上谈兵，唯有宝贵的经验才是可以利用的武器（图2-15）。

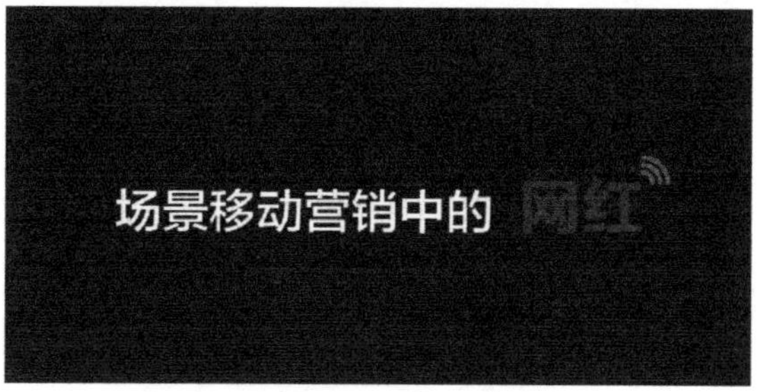

图 2-15　场景营销不缺网红典范

2.2.1 【例】局座召忠，主题 T 恤萌翻全场

似乎所有人都认为只有年轻人才能当网红，其实不然，网红从来就不是年轻人的专利，一个随网络普及而出现的产物必然是全民性质的。这不，有一位年龄较长的大人物在无数网友的推动下登上网红的神坛。他就是大家亲爱的“局座”张召忠，张将军（图 2-16）。

图 2-16　局座漫画形象

“局座”的头衔太多：国防大学军事后勤与军事科技装备教研部副主任，副军职，海军少将军衔，教授，军事战略学博士研究生导师，军事装备学的学科带头人，中央电视台特约评论员，中国军事未来研究会理事、国防科技信息学会常务理事、海洋学会理事、太平洋学会特邀研究员；通晓阿

拉伯语、英语，学过日语，曾到伊拉克、美国、瑞士、意大利、以色列、英国、印度等国工作和访问；长期在作战部队、科研院所及军事院校工作；先后有 8 项成果获得国家部委和军队级科技进步奖。

张将军绝对算得上德高望重，将这么一个牛人和网红联系到一起确实有些不可思议。的确，张将军不是主动成为“局座”的，“局座”这个称呼的缘起也并不友好，是“国防战略忽悠局局长”的简称。那，何来这么一说？在某一期节目中，局座说中国还没准备搞 4 代战机呢，没过多久，歼 -20 首飞。从此之后，“战略忽悠局局座”的名头就慢慢成为张将军最有名的称谓。

2014 年 2 月，张召忠在中央电视台《海峡两岸》栏目担任嘉宾时声称：“雾霾是对美国激光武器的最好防御，在面临重度雾霾时，激光武器的穿透距离会大大缩短，基本上失去实质的效力，因此激光武器最怕雾霾（图 2-17）。”当时全国各地雾霾天气严重，“雾霾防激光”的说法立刻在观众及媒体中引发了轩然大波，产生了巨大的争议。

图 2-17　《海峡两岸》中探讨美国激光武器

之后的“美国的核潜艇不可能到黄海来，但是它有可能到日本海，因为日本海深，黄海太浅，黄海的平均水深是 44 米，在这样浅的海域当中到处都是海带绳，它来了以后很难下潜，下潜以后上浮上来说不定海带绳子就搅到螺旋桨上去了，搅到螺旋桨它是死路一条。”更是招致不少质疑。

局座事后在采访中回应了质疑：“激光和潜艇这么复杂的高技术武器，如果我用专业技术术语讲一大通不会出任何问题，但观众能够听明白吗？传播的目的是让人接受，如果自说自话沉醉于孤芳自赏，没有效果，沦为空转。把汽车架在高台上，四轮悬空，开足马力空转，浪费资源，污染环境，没任何效果，这很好玩吗？四轮着地，把车开起来，虽然有风险，但总是向前走，总比空转强。”

63 岁的局座已在 2015 年退休，在 B 站做了一组军事脱口秀直播节目（图 2-18）。首播当天，闻讯而来的粉丝光是集体发“局座好”的问好弹幕就持续了 5 分钟，直播过程中的弹幕厚度也没有减少。参与观看直播人数超过 20 万人次，甚至有许多激动的网友在直播还没开始时，就对着黑屏刷了几千条弹幕。由于人数太多，B 站服务器一度被挤爆，令急着要观看局座的网友们哭笑不得。

图 2-18　局座直播

对于B站中网友的“恶搞”，局座回答说：“我说我去B站看看，全是把我弄成各种各样的形象的，我说你们开心就好，我看到都高兴。你们这个没事儿，我也不是什么重要的人物，这代表咱们之间，便于交流，没有什么隔阂，相反，我现在感觉，我要主动地跟年轻人交朋友，不要动不动就跟人发火，不要动不动就摆架子。我是专家教授，我是将军，跟90后站在一个平台上，跟他们一块闹，跟他们一块玩。”许多网友感慨于局座的这番话，佩服局座的宽厚大度。

首播当天局座穿的T恤是一件主题T恤，上面有五个大字：“海带缠潜艇”(图2-19)。用曾经被黑的梗来“自黑”简直不能更萌。网友纷纷表示：“局座自黑得漂亮。”局座已过花甲之年，不论是从哪一个方面来讲，都跟现在网络上的年轻人隔着巨大的代沟，然而局座却愿意以一个开明的心态接受和学习年轻人的文化，并且灵活运用，与年轻人毫无隔阂。

图2-19 局座T恤“海带缠潜艇”

不知道大家有没有感受到局座搭建的场景，用局座原话讲就是：“用年轻人喜闻乐见的方式去普及军事知识和历史知识。”在这个场景里，没有古板的教条知识，也没有意味深长的心灵鸡汤，一切严肃知识的传播都采用了一种轻松幽默，与年轻潮流接轨的方式。局座没有刻意地营造这一场景，而是真心实意地与年轻人一同打造并融入其中，不得不让人感慨，“局座是会玩的”。

2.2.2 【例】军武次位面，一场说走就走的“突突”之旅

既然说到局座，就不得不再提一提一个叫作“军武次位面”的微信公众号。随着网络气氛日趋轻松，越来越多冷门的题材可以活泼易懂地传达给网友，从而成为热门。不管是多么有难度的话题，在高瞻远瞩的媒体或机智的网友手中，没有想不到，更没有做不到。如今网络视频和直播流行起来，自制视频节目更是百花齐放，优秀的专业性节目更惹人注意。比如说《军武次位面》（图 2-20）。

图 2-20　《军武次位面》

《军武次位面》是当前国内最知名的网络军事类视频节目之一，目前在腾讯视频、Bilibili、优酷、爱奇艺、搜狐、Acfun、凤凰网军事等各大视频平台都有播出。在 2015 年包揽了各大媒体的奖项：腾讯“最有价值 PGC（Professional Generated Content，专业生产内容）”第八名、爱奇艺“最佳媒体传播奖”、网易“年度影响力媒体”等。而随后，更是吸引了局座的目光，展开了合作。

《军武次位面》已出至第三季，自第一季在 2012 年开始播出以来长期受到广大军事迷的热烈追捧，被称为良心之作，在优酷的综合评分高达 9.6

分。第二季共 31 期节目，累计点播过亿次。第三季制作更精良，在各大视频网站上人气居高不下。《军武次位面》的作者是 CRAZY262，B 站知名 UP 主，经常上传军事类原创视频。262 这个编号来源于二战时期德国一款经典喷气式战斗机 Me262。

CRAZY262 从未公开其详细的身份信息，但是他的独特口音却有着很高的辨识度，真容也在第三季第一集的节目中浮出水面。由于《军武次位面》节目的火爆，CRAZY262 本人还接受过《中国国防报》的专访。和正统电视台的军事视频不同，CRAZY262 的解说具有鲜明的个人特征。

每一期视频的信息量极大，融合了他对军事及游戏的理解，包含了深厚的军事和历史知识，还融入了大量网络文化和游戏文化，因此受到年轻一代军事爱好者的热烈欢迎。CRAZY262 很认真地制作军事视频，希望能可以媲美国外 Discovery 探索频道、国家地理频道（图 2-21）。

图 2-21　Discovery& 国家地理频道

《军武次位面》的“次”是“次时代”的意思，“次时代”跟人工智能有关，新兴行业之一就是游戏行业。因此，在《军武次位面》中大量使用了游戏画面，制作了有关军事的二维、三维动画，再加上网络化的语言风格，把枯燥的军事、历史、武器专业知识塑造成视觉冲击的科技大片。3D 建模等“加特技”的手段是《军武次位面》的王牌武器（图 2-22），CRAZY262 用 3D 建模展现全坦克、军舰等大型军事武器的结构，足可以以假乱真，使得网友对其“顶礼膜拜”达到顶峰。

图 2-22　逼真的 3D 建模动画

《军武次位面》不仅技术牛，用技术营造出恢弘磅礴的场面更是能带动起观众的情绪，引起共鸣。比如说第二季第 13 期的《共和国顶级装备大解析：揭秘大阅兵》（图 2-23）专门挑选了纪念中国人民抗日战争暨世界反法西斯战争胜利 70 周年阅兵式的前一天进行发布，颇具使命感地解说了中国现有的顶级装备，带动了网友的爱国情怀。第二天大阅兵的顺利进行更是让全国人民骄傲感“爆棚”，也一定会有人对展示出来的军事武器感兴趣而寻找解析，《军武次位面》又趁机火了一把。

2015 年 9 月 25 日上线的第二季第 16 期《十大人间大杀器》的片尾，张召忠意外现身，说：“观众朋友大家好，不是，网友吧应该是，各位网友大家好，我是《军武次位面》的热心观众啊，他们让我给大家说，如果你每周都想收看这个节目的话，最好是订阅，所以说如果你按下面这个键就可以订阅，到时候可以及时地收看，及时地欣赏。”局座和《军武次位面》

是不是要合作了？

图 2-23　热血沸腾的宣传图

不久，局座与《军武次位面》联手打造了他在凤凰视频的节目《张召忠说》（图 2-24）。在首期的《张召忠说》中，有一段 2 分钟左右的《军武次位面》制作的短片出现。在短片中，CRAZY262 作为一名普通的年轻观众表达了对局座的崇拜之情，同时使用了属于《军武次位面》的特色元素为节目增色不少。与此同时，“军武次位面”团队在公众号上做起了商城业务，其所出售的周边产品包括主题 T 恤、模型等，更有激发不少网友热情的俄罗斯军事基地“突突”到爽的参观之旅，一石激起千层浪。

此件被摆上了军武商城货架的“商品”是“军武次位面”团队将合作范围扩大到国外的尝试。对于热爱军事装备的“发烧友”而言，能够在俄罗斯的军事基地，感受一次从二战到现代的“苏式”装备，体验穿越到二战的军武之旅，可谓是毕生的追求。首次冬季军武之旅在 2016 年年底开启，让不少关注“军武次位面”公众号的网友着实兴奋了一把。什么是场景建设？这就是。

借助某一个领域内的关注者，例如军事迷；从其爱好，例如军事装备入手；通过类似于营造氛围甚至可以说是“造梦”的手法，让自己的公众号，自己的网店吸引到更多的流量，成为业界内的网红，确实不失为一种兼顾了“情怀”与“套路”的电商攻略，也难怪能得到局座青睐。

图 2-24　《张召忠说》与《军武次位面》联手

2.2.3 【例】同道大叔，十二星座专属零食任你挑

2015 年网红排行第 11 位的是“同道大叔”（图 2-25），这位大叔可一点儿也不老，还是靠听起来非主流的星座解析发得家。至今（截至本书出版前）他的粉丝已超 1000 万人，每条原创微博下都有过千的转发、评论和点赞。只不过与传统的神秘占星学相比，同道大叔的星座解析别有风味。

图 2-25　同道大叔的微博头像

他采取了吐槽方式，例如如此解说天蝎座："第一天不找天蝎，天蝎想你。第二天不找天蝎，天蝎想你。第三天不找天蝎，天蝎就会给你烧纸了。"搞笑地指出了天蝎座"腹黑"的性格，听起来又不那么让人讨厌。这条微博获得了博友4800多条的转发和6000多条的评论，还有一万多个的点赞。

同道大叔走红的宝器并不是简短的文字，而是妙趣横生的星座吐槽漫画。2014年7月，同道大叔开始推出"大叔吐槽星座"系列漫画，用诙谐幽默的文字及夸张搞笑的配图，以吐槽十二星座在恋爱中的不同缺点为主，吸引了大量喜欢星座的网友关注，粉丝直呼："怎么这么准？这就是我！"同道大叔借着高人气已经出版了漫画集《千万不要认识摩羯》，在当当榜上销量居高不下。

网红都是要做生意的，同道大叔也不例外。同道大叔不仅有官方的淘宝店"同道大叔家"，还有一个专属零食推荐APP"叔叔家"（图2-26）。同道大叔家淘宝店售卖的主要是星座漫画的文化周边产品和生活用品，如笔记本、书签、抱枕、钥匙扣等小萌物，小巧而价廉。

图2-26　叔叔家Logo

APP中则专门售卖零食，解决吃货们的零食选择困难症。叔叔家除了每天更新多个零食主题，还会邀请零食达人们投稿，与其他零食爱好者们分享各自的零食清单，有时还提供零食试吃直播、零食票选 PK、分类精选等多种零食推荐方式，方便零食爱好者们最快地找到自己最感兴趣的零食。

既然叔叔家是同道大叔自己的 APP，那么里面一定有自己的产品。没错，同道大叔为零食爱好者和星座爱好者打造了十二星座专属礼盒（图 2-27），再次扩大星座漫画的影响力。礼盒中不仅有同道大叔根据各星座性格搭配的多种零食，还赠送星座贴纸和代谢祝福，既有趣又暖心。同道大叔还与 AKATA（阿卡塔）鸡尾酒合作，推出了粉红的十二星座瓶装鸡尾酒（图 2-28），销量不俗。

图 2-27　专属星座礼盒——水瓶座

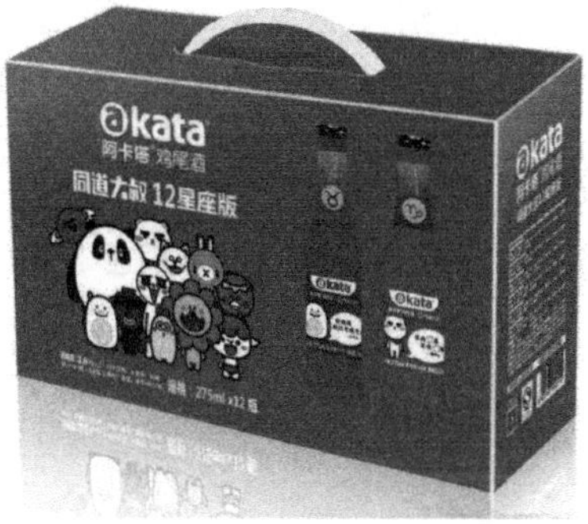

图 2-28　AKATA 十二星座鸡尾酒

同道大叔与大型零食电商百草味联手，推出了星座贺岁年味大礼包（图 2-29）。百草味可谓是零食电商界的老大，年销售额超过 10 亿元。百草味也一直致力于独立研发与创新，所以在自媒体纷纷寻求 IP 变现的时候，百草味毫不犹豫地“掺和”了进去，选择了同道大叔进行合作。星座贺岁礼包在 2016 年年货节期间，借助百草味和同道大叔各自的渠道共同传播和销售。

图 2-29　百草味 & 同道大叔：星座贺岁礼包

百草味每天有数百万元的产品销售额，同道大叔是微博微信平台都拥有 1000 多万粉丝的知名网红，所以两者的强强联合，销量自然不在话下，还领衔了国内自媒体 IP 变现的大单，为网红变现提供了新的方法。现在只要与网友提到星座，第一个想起的一定是同道大叔，如此人气真是让人羡慕不已。同道大叔让星座从“非主流算命”成为接地气的性格剖析载体，衍生了多款受欢迎的周边产品。这个场景设定得怎么样？从心理到生理为粉丝“洗脑”，让同道大叔笔下魔性的十二星座无处不在。

2.2.4 【例】暴走漫画，暴走周边“防不胜防”

《暴走漫画》（图 2-30）晓得吗？不晓得？那就 OUT（网络用语，落伍）了。《暴走漫画》，简称《暴漫》，港澳台称之为《梗漫》，是由微博网红王尼玛发起创作的一种流行于网络的开放式漫画，通常以日常生活故事、笑话段子为主题，通过简单粗暴的手绘表情构成趣味漫画。《暴漫》注重通过夸张的面部表情来表达漫画人物的心情，是近几年随微博一起兴起的一种网络恶搞形式，在年轻网友中拥有相当高的人气，不信可以去看看喜欢上网的年轻人的表情包，里面一定有《暴走漫画》中的表情。

图 2-30 《暴走漫画》

《暴漫》有两种周边产品，一种是虚拟的周边，一种是实物周边。虚拟周边就是高人气的暴漫表情包（图 2-31）。暴漫表情意外走红之后，暴走团队更加关注表情包的制作与发展：“同样抱着做产品的思路，做表情我们也是快速迭代，我们在自己社区里试用，不断开发和了解市场喜欢什么，不断去‘压迫’我们的画师，一个表情要画十次，再看哪个好，先在自己的 APP 里测试。好的东西就放到 QQ 里，让更多的人使用。六个月迭代一次，在表情里算速度非常快了。”如今，不止 QQ，微信也有了暴漫表情，微博上更是随处可见，网友发布微博说了什么吐槽的话都喜欢附一张暴漫表情图。实物周边就是根据《暴走漫画》中的形象设计的实体产品。

要说暴漫周边影响力之大的具体体现，不得不先了解 China joy（中国国际数码互动娱乐展览会），全球数码互动娱乐领域最具影响力的盛会。包括：中国国际动漫及衍生品授权展览会（CAWAE）、次世代游戏机及家庭数字娱乐产品展览会（ACH）及中国国际数码互动娱乐产业高峰论坛（CDEC）、世界移动游戏大会（WMGC）、中国游戏开发者大会（CGDC）和中国游戏商务大会（CGBC），涵盖了 PC、移动、主机游戏及家庭数字娱乐、动漫娱乐多种业态，受众群体十分广泛。

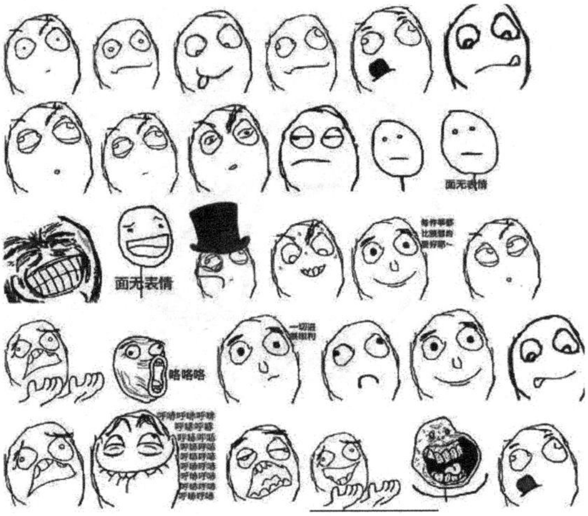

图 2-31 《第一代暴漫》表情包

暴漫周边有哪些种类？一般人还真想不到，普通的笔记本、书签、钥匙扣也就算了，竟然还有毛巾、牙刷、手机壳、玩偶、自行车、电脑五件套，甚至还有机器人（图 2-32）。所有周边都“萌萌哒”，都想买，粉丝难道要“剁手”吗？除了普通售卖的周边产品，稍微大件“奇葩”的周边产品采取了众筹的方式，官方的淘宝店首页经常会出现暴漫众筹的通道。这样非常明智，粉丝想要什么就做什么，而且暴漫人气这么高，很少有众筹失败的产品，粉丝只要做好“买买买”的准备就行了。

作为微博十大网络红人之一，又拥有《暴走漫画》这样高人气的动漫作品，王尼玛自然成为了 2016 年第十四届 China joy 的座上宾。《暴走漫画》首次作为独立参展商亮相 China joy 引起了不小的轰动，王尼玛带领王尼美、纸巾老师、木子、赵铁柱、张全蛋、大队长、皮诺 Pino 曹等暴漫家族成员全数到场，引来大批暴漫死忠粉的围观守候（图 2-33）。暴漫此次举行了近 3 个小时的周边产品签售活动，粉丝在现场有序地排起三条百米长龙，火爆程度堪称本届 China joy “最制霸场地”。

图 2-32　暴漫周边啥都有

图 2-33　暴漫周边产品签售盛况

暴漫搭建的场景难以模仿，本就独树一帜，同时在网红自媒体界巨大的竞争压力下不断创新，产品和节目质量都不断提升，保持着良好的上升态势，始终在网红排行榜上占有一席之地。只要暴漫表情包流行一日，暴漫粉丝就会不断地增加，暴漫防不胜防的周边产品就会受到热烈的欢迎。暴漫的风格或许无法借鉴，但电商企业可以学习暴漫如何把握年轻网友心理，如何根据网络进化不断创新。电商都会有摸着石头过河的阶段，只要虚心根据自身情况吸取成功案例的经验，总有成功的那一天！

2.2.5 植入理念——兵马未动，粮草先行

搭建场景就是在消费者头脑中营造某种特定理念。这也是一种概念营销（图 2-34）。概念营销着眼于消费者的理性认知与积极情感的结合，通过导入消费新观念来进行产品促销。目的是使消费者形成新产品及企业的深刻印象，建立起鲜明的功用概念、特色概念、品牌概念、形象概念、服务概念等，增强企业的竞争性实力。植入概念说难也难，说容易也容易。只要形成了受人关注的特色形象，自然而然地就成为了营销大户，反倒是如何塑造一个具有记忆点的形象才是难题。

图 2-34　概念营销

比如说前面讲到的四个例子，它们都有特定的场景概念。张召忠就是一个“萌萌”的、“安利”（推广）军事的年轻小老头儿；《军武次位面》就是一个画面精良讲解清晰的优秀军事节目；同道大叔就是一个吐槽星座无极限的微博“大 V”；《暴走漫画》就是那个著名的暴走表情包的发源地。

他们都在网友心中植入了独属于他们的鲜明概念，形成了“提到 ×× 就是 ××”的条件反射。但是他们搭建场景的过程可能经历了艰难的几年、十几年，直到迎来了网红经济的风口才厚积薄发。

到底如何搭建场景？简单来说，首先，网红一定要抓准现在网友喜欢的风格；第二，内容为王，网红的产品或节目应有丰满的内容；第三，在微博等平台上多建立话题并引领网友讨论；最后，应灵活运用多种营销手段推广自己。闻名全球的明星大腕们尚且还在不断拍摄作品丰富自身，小小网红又有什么理由不努力？兵马未动，粮草先行，电商网红一定要早早做好充分准备，时机一到一鸣惊人。

2.3　经营人气：别睡了，快起来嗨

网红有优秀的作品和清晰的场景就可以放松了吗？错！看见来势汹汹的后辈了吗？看见风云变幻的热门搜索了吗？看见同行超过自己的粉丝量了吗？所以别睡了，快嗨起来。在已然变成红海的网红经济中，网红不能有一点懈怠。要想让自己的大旗不倒，一定要付出十二分的努力。

网红的地位，就相当于企业的品牌影响力，都要借助品牌营销（图 2-35）的手段。品牌营销是通过市场营销使客户形成对企业品牌和产品的认知，是企业要想不断获得和保持竞争优势必须构建的营销理念。品牌营销是一种高级营销，利用品牌符号，把无形的营销网络铺建到消费者心里，形成独有的品牌优势。经营人气是品牌营销的重要一环，人气越高，品牌影响力越大，久而久之才会在所在行业占领一席之地，成为消费者选择的口碑品牌。网红要怎么经营人气来保住自己的品牌呢？

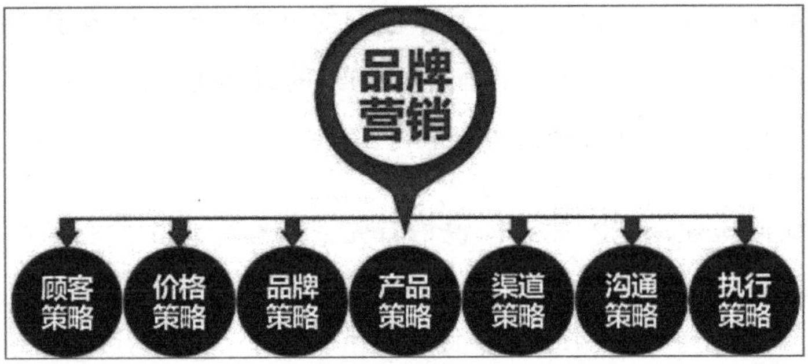

图 2-35 品牌营销（Brandmarketing）

2.3.1 激发兴趣——有依赖才有黏度【星座不求人和占星小巫】

“兴趣是撬起地球的支点”（图 2-36）。对网红来说，只要兴趣在，粉丝四方来。引起网友兴趣的方法有很多：挑起好奇心、利益驱动、明星引导。万法不离其宗，归根结底还是要以对网友的细致观察为原点制订营销策略，提高网友的参与度。因兴趣而成为粉丝的网友具有其他粉丝都没有的优势：忠诚度高。因为网红引导再多，网友也只能自发产生兴趣，他们出于自愿而不是强制，从心底里对网红的认可保证了他们热情的长久性，这也决定了他们的忠诚度优于其他渠道产生的粉丝。

图 2-36 挑起用户的好奇心

星座类博主能成为网红就是激发粉丝兴趣的最佳案例。像前面提到的同道大叔，因为几则搞笑星座漫画，几年内粉丝数突破千万，如今还在继续增长之中。其他星座网红或许没有同道大叔那样巨大的影响力，粉丝量增长也没有那么迅速，但是他们的粉丝忠诚度也很高。

比如，已经形成了习惯性活动行为：今天算算运势，明天占占星，后天根据网红的提议买一些星座幸运物……这种关系平淡而稳固，网红在粉丝的协助下稳扎稳打地攻城略地。除了同道大叔，微博上还有几个知名度较高的星座网红。首先是“星座不求人”，他在 2016 年“微博超级红人节”上拿下了“十大影响力视频栏目”奖，让这位诞生仅一年的网红走进了大众的视野。

“星座不求人”诞生于 2015 年 6 月 9 日，是最具影响力的原创星座漫画品牌之一（图 2-37），将星座、漫画、音乐、视频混搭，开创了特有的星座漫画 MV 形态，受到了广大星座迷的喜爱。至今，“星座不求人”已在爱奇艺等平台上发布了《摩羯座之歌》、《天蝎座之歌》、《十二星座谁最傻》等 30 多个短视频节目，截至本书出版前单集最高播放量超过 6900 万次，视频累计播放量达到 6.5 亿次。

图 2-37　星座不求人

如今，“星座不求人”官方微博有350多万粉丝，微信公众号里每篇推送也都会有十万多的阅读量。在一年的时间里，粉丝量实现了从零到百万的增长，让同行艳羡不已。2016年5月，成立即将满一年的“星座不求人”获得了来自英诺天使基金的960万元人民币的天使投资。

融资后在原来的周更3分钟短视频基础上，又新增加了日更的1分钟迷你剧系列，以更具故事性的方式为12个星座制作“个人小剧场”。吸引更多的网友前来观看，逐渐将他们吸收为自己的粉丝。在“星座不求人”的微博评论下，常常有网友提出自己关于某种星座性格的观点，甚至还能和其他粉丝聊起来，而这些聊天内容都会被“星座不求人”吸收借鉴，了解粉丝来丰富内容。

微博上还有一位占星高手“Pandora占星小巫”（图2-38），他的粉丝比“星座不求人”还要多，已经超过500万人，每篇微博都有过千的转发、评论和点赞，放干货时过万也是常有的事。他的微博内容其实很简单，无非就是以下几种：各个星座周运势、月运势和年运势；水逆时期预告；各个星座应对水逆的方法；各个星座定期塔罗牌占卜。每个月都在重复这些内容，但是却有越来越多的粉丝关注他。

图2-38　@Pandora占星小巫

水逆即水星逆行，在占星学中水逆意味着运气变差，生活开始变得倒霉。虽然现在的年轻人多是无神论者，但大家还是希望找一个精神寄托，于是水逆就成为他们生活出差错的借口，有很多人会根据占星小巫的水逆应对法许愿，小巫有时也会给某些生活不顺的网友贴心回复。

小巫的微博简介是 ："关注小巫就是关注真实的你。"这的确戳进了现在为了生活而奋斗的年轻人的心里，激发了他们关注占星小巫的兴趣。小巫还推出了有偿占卜，也是门庭若市。人们对感兴趣的东西都会多看两眼，如果有感兴趣的网红，网友们会先多看两眼，然后关注他，成为铁杆粉丝，接下来就要购买他们推出的产品了。粉丝走到这一步，网红的兴趣吸引法也就成功了。

2.3.2　集中火力——提供信息有价值【丁辰灵】

一个网红之所以能够走红，其中一个原因就是因为他提供的信息正是网红所需要的有价值信息。段子手们讲得段子看似无聊恶俗，其实有时大智若愚，网友们仔细一品可以领悟出潜在的深层含义 ；即使没有内在含义，让粉丝们捧腹大笑也是段子价值的体现。如今网红经济主打内容营销，网红们拼了命挖掘网友最想要的内容信息，成功者有很多，下面要说到的这位丁哥（丁辰灵）就是其中的佼佼者。

丁哥的微博粉丝数不多，但是微信公众号风生水起，因为丁哥把干货都放在了微信公众号里，与粉丝互动也多是通过微信。自 2010 年起，公众号基本保持着每天推送一次，每次推送一篇以上文章的频率，连丁哥度假时都没有停歇。丁哥的每篇文章都诚意十足，主题有"网红"、"网红经济"、"微商"、"电商"等经济热点（图 2-39），动辄千字，图文并茂，内容十分丰富。

丁哥是谁？他是电商界鼎鼎大名的领袖人物。丁哥原名丁辰灵，阿母斯黛女性时尚及生活方式社群的创始人，职业生涯很精彩：连续创业者、自媒体人、科技作家、电商及互联网专家、天使投资人等。丁哥的学历也很牛：高中被保送到浙江大学，入学一月即获全额奖学金赴新加坡留学，在新加坡国立大学主修电子工程系，双学士学位；其间还在美国斯坦福大学修读短期美国商业证书课程。

这个功能真正宣告了草根自媒体时代的终结	2016-07-12
分众助力大智慧推出财经网红平台视吧	2016-07-11
为什么中国亟须一场商业思想新启蒙	2016-07-11
2016年十大网红行业最有影响力事件！！	2016-07-10
干货| 如何在微博上引爆网红？	2016-07-08

图 2-39　丁哥微信公众号推送的文章

2016 年初，熟悉网红经济的丁哥也跟上潮流开办了“网红商学院”（图 2-40），目前是业内最大的网红学习型组织。网红商学院是网红经济下特有的网络红人定制学院，与其他网红孵化器机构最大的不同是，网红商学院更大的作用是培养网红，为他们做导师，同时会成为一个资源对接、共享的平台。其中详述培训的课程、形式和时间。如果有谁想报名参加网红商学院，请先预约吧！

如今，丁哥顶着耀眼的光环活跃在电商界，当起了人生导师，源源不断地输送着当下最热的电商网红知识。在传递理论知识的同时，丁哥还结合时下真实案例进行分析，让粉丝能够全面理解相关的电商知识。丁哥的微信公众号受到了处于茫然境地又急于赚钱的创业者们的喜爱，在他们口口相传下，“丁辰灵”公众号就这样无人不知无人不晓，培育网红的业界大佬也成了曝光度极高的“网红”。

图 2-40　网红商学院

为保持这样密集且丰富的知识传输，丁哥建立了自己的团队（图 2-41）。丁哥要求：“虽然建立一个团结精干能上刺刀亮剑的团队的目标一致，但是具体的操作细节却完全不同。建立一个有效的团队，必须中西合璧，既要通晓中国的国情、历史和中国人的人性，又要学习西方以制度来框架团队的责，权，利！这样的团队才是无往而不利的！”

图 2-41　丁哥和他的团队

微信菜单设置、软文撰写推广、互动回复、活动策划等工作明确分工，团队共同携手打造出了今天电商界备受推崇的专业公众号之一。微信公众号是一个非常有效的网红平台，当下很多创业者想利用公众号推广人气，却因为人气受限很难坚持下去。一是由于自身素养不足导致不知如何下笔；二是因为发布内容的吸引力不足导致无人关注，这两个问题成为很多公众号发展路上的拦路虎。

而头脑活跃的丁哥并没有这两方面的顾虑。他丰富的学识和经验保证了知识的充足，所推广的财富秘诀又是当下最受欢迎的消息种类之一，完善的团队建设更让他的公众号大放异彩，经久不衰。但三大原因结合保证了丁哥的公众号具有极高的含金量。或许网红不能如丁哥一般在某种方面登峰造极，但认真规划、细致考虑后提供公众所需要的有价值信息并不难。功夫不负有心人！

2.3.3　频率稳定——拒绝跳票显真诚【一条视频】

真诚是每个网红必备的素质，不管是从发布的内容里还是从平常的互动上，有着明亮双眼的粉丝一眼就能看出来网红是不是真的有足够的诚意。有的网红风雨不误，按时发送消息；有的网红却十分随意，看心情十天半个月一发，为了抚慰粉丝发一则简短的“跳票”通知。前后对比，后者把这个当成无关痛痒，连任务都算不上的普通行为。粉丝拒绝网红跳票，半年发一条消息谁不能啊？没有看到诚意，必然会被淘汰。

如今大部分网红都保持着一定的发布信息的频率。比如说“一条视频”（简称一条）（图 2-42）。一条是一家主打生活短视频的互联网新媒体，创办人为《外滩画报》前总编徐沪生。一条之所以叫一条，是因它在每天 10:00 ~ 12:00 之间都会发布一条生活类视频，从不间断。

图 2-42　一条视频

一条创办于 2014 年 9 月 8 日，首先在微信平台开通公众号（订阅号），发布原创短视频，半个月就“涨粉”多达 100 万人，每一条阅读数几乎都破 10 万次，截至本书出版前关注者超过 600 万人。攻破微信市场后，一条又杀入微博，拥有 400 多万粉丝，每条微博都有过千的转发量。

一条获得了多轮融资，最近一轮融资估值过亿元。过亿元的微信公众号超过十家，而一条目前估值一亿元，排名第四，仅次于罗辑思维（估值 13.2 亿元）、熊猫自媒体联盟（2.2 亿元）、12 缸汽车（1.5 亿元）。一条的高人气不是体现在从不跳票，而是从不跳票地发布精彩内容。

一条发布的是有一定深度的生活类内容，保持了他们独有的“一条的格调”。团队非常能“折腾”，3 分钟长的《做一碗最鲜美的上海虾肉小馄饨》（图 2-43），竟然拍摄了 13 个小时。不止这一条，其他所有的视频都有 10 多个小时的素材，后期剪辑需要 1 个星期。

有记者问徐沪生：条条如此，真的有必要吗？徐沪生说：“有必要，这是我们的品质保障。在互联网上你必须要超出大家的预期，把品质做到极限。每个镜头都要考究，拍摄的时间就会长。不瞒你说，我们的团队已经养成了没完没了折腾的习惯，每一条片子都是从早拍到晚，两个机位。我们有十几个摄像，七八个剪辑，制作人员占到了整个团队的一半。”

图 2-43　《做一碗最鲜美的上海虾肉小馄饨》截图

一条的栏目还在不断升级。采访对象从身边的朋友，转为一些专业领域的大师级人物，采访难度越来越高。对此一条很有自觉：“人永远要让自己去做有点吃力的事，而不是在最顺手的事情上自我重复。未来具有无限的可能性，我们不仅仅是一个媒体，而是一种生活方式。在消费升级的今天，有几百位生活艺术领域顶级的合作者，有几百万活跃度很高的用户，我们可以做很多事情。”像一条这样耗时费力的制作视频的网红都能保证频率，其他网红为什么不能呢？

2.3.4　四面包抄——经营平台多样化【味千拉面】

如今，网络社交平台数量丰富、种类齐全（图 2-44），通过各类平台展开的网络营销也是五花八门。见识过了各种营销手段的人们口味更挑剔，永远期待着更加精彩创新的营销方式。当通过一种媒体营销已成为司空见惯的手段时，网红选择多个合适的媒体将它们结合起来构成宣传网，这种方式高效快捷，也就是如今被广泛使用的多媒体营销。

图 2-44 各式各类的社交平台

多媒体营销是指企业和社会组织运用媒体的传播来扩大知名度，进行品牌推广的行为。互联网的全面传播是从多平台、多角度、多方式去传播信息，而非只用一种手段或是一种类型的媒介，这就是多媒体营销。多媒体（图 2-45）包括微博、微信、QQ 等社交平台等。与传统的搜索引擎营销相比，社会化的多媒体营销有以下几个特点：

- 无时无刻不在营销状态和与消费者的互动状态，强调内容性与互动技巧；
- 需要对营销过程进行实时监测、分析、总结；
- 传播的内容量大且形式多样。

社交 APP 和网站遍地开花，会使用某一个并不是优势，都用得好才叫“牛”。网红电商一定要学会灵活运用社交平台，做好多媒体营销，利用社会传播的力量收获效益。掌握多媒体营销的关键才能进行营销，多媒体进行的话题营销需要具备三个条件：炒作的话题、合适的平台、品牌与话题的匹配性。

图 2-45　多媒体营销

味千拉面曾在父亲节利用多媒体平台联动的效果打造了一个成功的节日活动宣传。在负责的宣传公司传漾科技的安排下：微博用于口碑营销，与粉丝有效的互动；活动网站则是将微电影完整呈现给观众，承担了广告落地的角色，用户还可以在活动网站上参与趣味游戏，并分享到微博的账号上；微信则配合微博的脚步，告知用户线上微博话题、微电影和线下优惠积分的活动（图 2-46）。

图 2-46　味千拉面父亲节活动

理清了社会化媒体的效果后，传漾科技指导味千拉面开始行动。首先在微博上分三天发布了三个活动主题，分别为“我有一个好爸爸”、“爸爸大联盟”和“老爸你最帅”。系列活动先通过红人转发官方微博的名人效应，加上官方微博与粉丝之间的互动，吸引了众多粉丝参与。

与此同时，一部感人至深的微电影上线，影片中以味千拉面馆为原型，讲述了味千拉面馆的馆长与女儿之间的动人故事，把味千拉面“幸福味道”的品牌理念生动地传达出来，也契合了父亲节亲情的主线。在线上宣传如火如荼的同时，微信则是发挥了它连接线上和线下的桥梁作用，各式的线上活动及线下优惠活动的信息都是通过微信告知用户，为味千拉面积累了潜在的消费人群。

此外，传漾科技在其他社交平台和论坛上也都不遗余力地对味千拉面与父亲节的活动进行传播。其他社交平台与主战场微博共同传播活动信息，并进行后续的话题引导，较为偏重于年轻用户；而论坛负责传播活动信息，并炒作父亲节话题，侧重于用户的地域性。而传统的视频广告则是分别被剪成 15 秒或是 30 秒的版本，放置在如新浪、凤凰网、MSN 中国等网站上，软硬结合。

第3章

定位，网红也是术业有专攻的

我们得承认，网红是一个跟风火的职业，但是网红的具体发展方向无法跟风。看看如今发展起来的网红种类，热门领域有娱乐、生活、写作、漫画等，冷门领域也人才辈出，如电竞、军事（图 3-1），细数各个领域中优秀的领头羊，他们都有一个共同点：专一。

就像张大奕在淘宝上成为教科书式人物，papi 酱在短视频上成为第一网红，天才小熊猫成为段子手界的风向标。他们专注于自己的领域不断创新思考，从不吃着碗里瞧着锅里的，最终才能做大做强。网红从来不是一个漫无目的行业，若是三心二意？那就等着被淘汰吧！

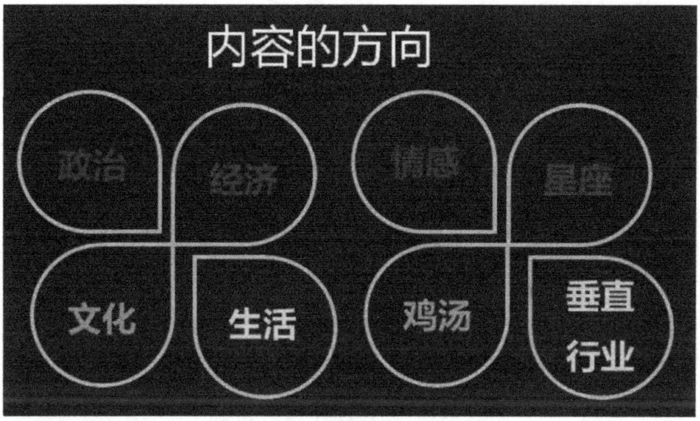

图 3-1　网红方向选择很多

3.1　市场绑架：你姓什么粉丝决定

网红经济是由粉丝经济构建起来的，可以说没有粉丝就不会有网红这个职业，没有粉丝经济自然也就没有如今火上天的网红经济。作为一切的起源，粉丝是市场的重要部分，是网红生存下去的基本，是他们必须得捧在手心的上帝。更进一步来说，网红怎么发展要粉丝市场说了算（图 3-2）。

通俗来讲：粉丝喜欢大的，网红不能给小的；粉丝喜欢艳的，网红不能给素的；粉丝喜欢实惠的，网红不能给奢华的。这就是粉丝的力量，这就是霸道的市场需求。

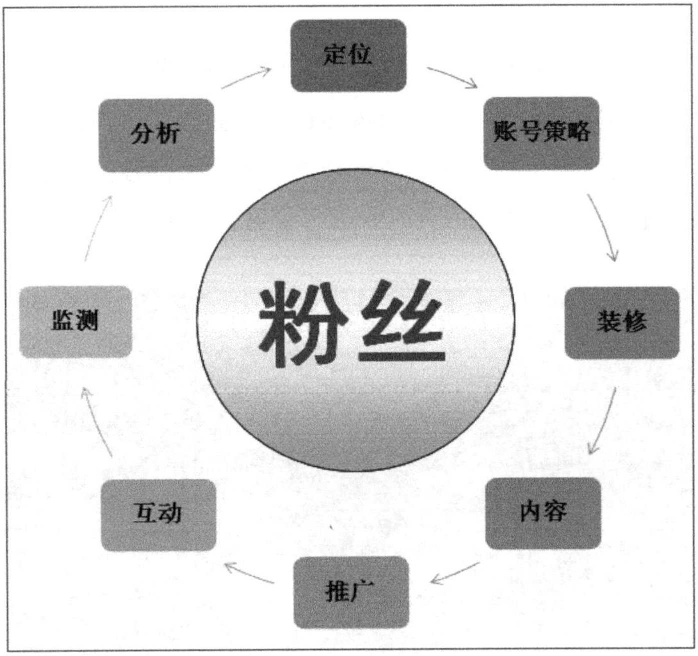

图 3-2　粉丝决定网红市场

既然市场以粉丝为主，网红在定位时就要根据各位衣食父母的喜好来进行规划。经统计，网络用户的爱好很多（图 3-3），娱乐资讯是大家的最爱，购物稍逊，游戏成为大头，社交次之，读书等老牌休闲活动再次。纵观现在的网红内容也是如此，多数人为了迎合大众口味选择了泛娱乐化内容，美女店主大行其道，淘宝店无数，游戏主播和电竞职业选手身价不菲，其他领域也人才辈出。粉丝为网红提供的方向很多，如何在令人眼花缭乱的方向中选择适合自己的那条路，就要各凭本事了。

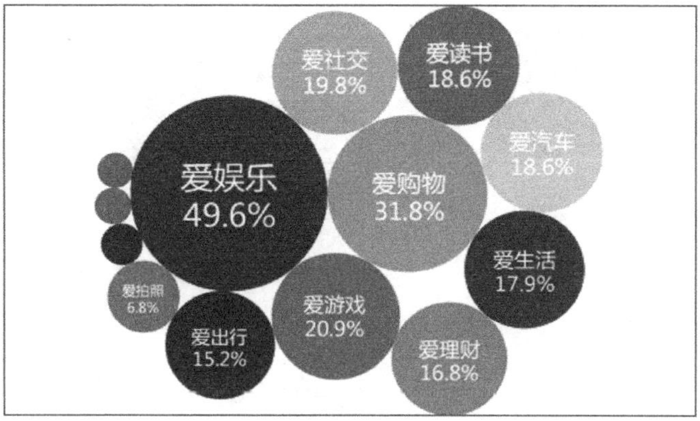

图 3-3　粉丝兴趣分布

3.1.1　信任积累——从技术宅走向业界大神【餐饮老板内参】

技术宅大神如果一辈子只窝在自己的那方天地里，那他即使有改变地球的能力也无法施展，没有任何价值，但如果技术宅愿意走出牢笼，他们就拥有改变世界的潜力。如果说 papi 酱 1200 万元的融资和 2200 万元的广告招标如平地惊雷炸开了网红界，那还有一位，则是网红界一切炸弹的源头。说他是网红并不合适，他应该更喜欢“自媒体人”这个称呼。他就是公众号“餐饮老板内参”（简称内参）的创始人秦朝。内参是第一个拿到天使投资的个人自媒体公众号，秦朝是怎么做到的？

“内参”是内部参考的意思，广义的内参可指任何机构搜索来供内部人员参考的资料，现在则多指新闻内参。内参其实是不公开发布的，秦朝却给公众号取名为内参，增加了一分神秘感。内参专注互联网时代餐饮经营之道，是国内最大自媒体联盟 WeMedia 的成员，周一至周六每天一次内参，用互联网思维思考传统餐饮业，提供餐饮业升级转型的建议。互联网思维在现今的商业领域非常吃香，只要有真材实料外加良好的推广营销手段，成为小型自媒体不是问题（图 3-4）。

图 3-4　餐饮老板内参

2013 年 7 月，秦朝和他的好朋友谭野在看了电影《中国合伙人》之后创业热情高涨，两个人从新浪河南站离职，拿着仅有的 5 万元启动资金在郑州创办了“餐饮老板内参”。一开始没有办公室，他们就在咖啡馆中工作。仅用一年的时间，在 2014 年 7 月，“餐饮老板内参”估值千万元，获微玺基金 200 万元天使投资后，成为国内第一个获得天使风投的垂直自媒体。

垂直媒体就是权威门户分出来的某个领域的专业媒体，提供有关这个领域或需求的全部深度信息和相关服务，垂直自媒体就是提供专业领域深度知识的个人媒体。与传统媒体相比，垂直自媒体可以做到精炼专业，改变传统媒体范围广却不精细的缺点（图 3-5）。

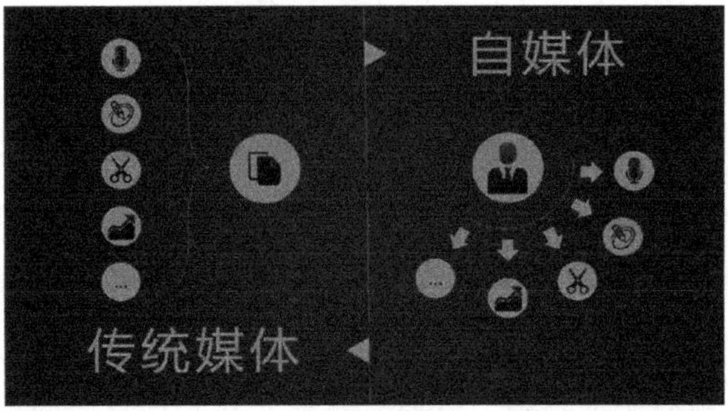

图 3-5　传统媒体与垂直自媒体

内参创业两年后，2015 年 7 月，正式对外宣布完成 Pre-A 轮融资（前期 A 轮融资），规模达 2000 万元人民币，由国内著名财经作家吴晓波等联合成立的狮享家新媒体基金领投。秦朝在朋友圈中颇为诗意地表达了自己的心情："每个七月都有美好的事物发生，两年前的七月，内参两个小伙伴正式创业；一年前的七月，内参成为全国第一个获得风投的垂直自媒体；今年七月，又是在内参将迎来生日之际，收到最好的两周岁礼物……感谢吴晓波老师、狮享家以及跟投机构的信任。"

这时，内参力压众多竞争对手，成为第一个估值过亿元的垂直自媒体（图 3-6）。

微信公众号	宣布时间	金额	轮次	投资方	估值	预估活跃粉丝数
餐饮老板内参	2015年7月	2000万	Pre—A轮		1亿	365,780
酒业家	2015年8月	1000万	Pre—A轮	吴晓波联合创立的狮享家新媒体基金	5000万	131,379
12缸汽车	2015年9月	共1000万	A轮		1.5亿	129,236
车早茶	2015年9月		A轮			404,003
车找茬	2015年9月		A轮			暂无
灵魂有香气的女子	2015年10月	300万	A轮		3000万	835,929
十点读书	2015年8月	300万	天使		3000万	3,989,679
一条视频	2015年4月	数百万	A轮	挚信资本	1亿	4,729,936
大象公会	2015年8月	未透露	A轮	罗永浩等	未透露	1,165,810
关爱八卦成长协会	2015年9月	1500万	A轮	腾信领投	1亿	5,674,952
罗辑思维	2015年10月	未透露	B轮	中国文化产业基金领投，启明创投跟投	13.2亿	暂无

图 3-6　2015 年微信公众号估值

这并没有结束，前两轮融资速度远超想象的内参在三周年纪念日还没到时就完成第三轮融资。2016 年 6 月 16 日，美团大众点评、今日头条、源码资本和思念集团旗下千味央厨联合为内参投入了 5000 万元的 A 轮融资。至此，内参在 900 天内共完成了三轮融资，估值达 2.5 亿元人民币。作为一个微信公众号，一个由数据堆砌的虚拟产物，内参如何做到如此火爆？

在秦朝看来，内参能做到如今的程度，定位准确是最重要的原因，不管是目标行业还是目标群体，秦朝都把控得很好。

首先，内参定位了传统的餐饮行业，吃穿住行是全民刚需，餐饮有巨大的发展市场。另外，餐饮行业的账期都比较短，往往都有不错的现金流，变现会相对比较容易。

其次，内参选择了一个高价值的群体——餐饮从业者的上游人物。中国餐饮商家不低于 1 千万家，意味着至少有 1 千万个餐饮老板，这是一个价值非常大的集合体。餐饮行业一直处于红海竞争，位于上游的老板们为了赢利，学习和竞争意识非常强烈。再加上互联网时代对于餐饮行业的冲击，传统餐饮的领袖们为了加速转型会迫切地想要了解互联网对餐饮行业的影响以及应对之策。

互联网餐饮参考指导还是蓝海，秦朝果断抓住机遇，成为互联网餐饮咨询建议行业的老大（图 3-7）。在拿到天使风投时，内参只有不到 3 万粉丝，在一年之后已经暴涨到 22 万人，发展空间巨大。如今后人再想追赶上来，已经和内参差得太远了。

图 3-7　秦朝讲解互联网餐饮知识

定位和内容固然是内参发展壮大的重要原因，一般营销需要的曝光度也必不可缺。如果说 2014 年的天使风投是为了让内参活下去，那么 2015 年的 Pre-A 轮融资就是内参希望通过资本的认可扩大知名度，建立品牌认知，与竞争对手远远拉开距离。事实证明，由吴晓波等人联合成立的狮享家基金领投的 2000 万元融资让内参在 2015 年下半年的曝光度都有了几何式增长。

公众号用户数从不到 20 万到突破 80 万人大关，再次稳固了餐饮行业第一新媒体的地位。这个创业 2 年就估值过亿元的自媒体已经成为自媒体草根逆袭成功的典范。对于未来，秦朝豪气万丈："这个行业没有第二名，没有竞品。"如今的自媒体论坛或峰会，如果需要讲解垂直自媒体，秦朝和谭野多是座上宾。秦朝坚信，深度垂直，服务至上，自媒体的战场不在高处，而在深处。

3.1.2　羊群效应——"爱豆"带着粉丝走【粉丝电影】

羊群效应是什么？羊群里一定会有一只领头羊。这只羊选择的方向决定了羊群的整体方向，剩下的羊缺少思考的能力，领头羊去哪儿它们就跟到哪儿，就算有一只羊想换个方向，也找不到与它同行的伙伴，只能选择继续向前。因此，"羊群效应"也叫"从众效应"，是个人的观念或行为由于群体的影响或压力，而选择与多数人相一致方向的现象。人们会追随大众所同意的，将自己的意见默认否定，且不会主观上思考事件的意义，群体力量使理性判断失去了作用。

网红经济中的羊群效应表现得十分明显。网红电商能发展壮大都要大大地感谢领头羊们的引导。比如说，如果你想买某个电商网红的商品，但总觉得质量不过关，这时你发现这位网红有很多粉丝，每个粉丝对他的评价都非常好，你就有可能转变对他的看法，买下他的商品。

就在前几年，电影圈出现了一种新类型电影——粉丝电影（图 3-8）。顾名思义，粉丝电影主打粉丝群体，粉丝必看，其他观众可看可不看，全靠粉丝群体撑票房。粉丝电影的开创者是我们美丽的杨幂。杨幂在 2010 年年初因其主演的电视剧《宫锁心玉》播出而爆红，在相当长一段时间内关注度呈井喷式暴涨，成为人气小花旦，在各大典礼上拿奖拿到手软。

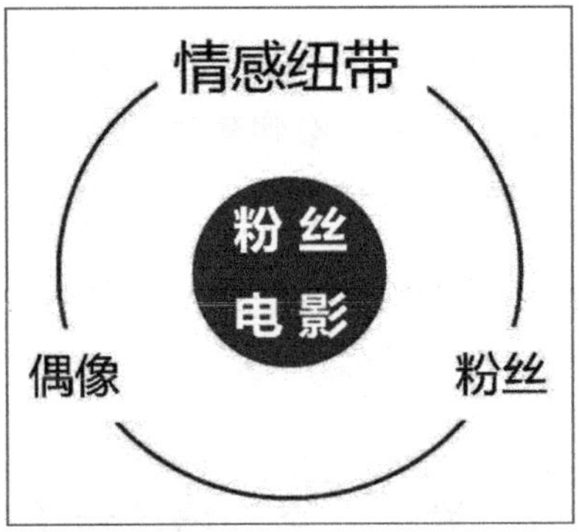

图 3-8　粉丝电影

随后的 2011 年，杨幂主演了一部投资仅 400 万元的小成本惊悚恐怖电影《孤岛惊魂》，该片上映前并不受重视，排片也不多。出人意料的是，在首映当日，该片预售票在一小时内便宣告售罄，上映一周多收获 5000 万元票房，最终以 9000 万元票房完美收官，成为当时档期的最大黑马，同时创造了国产惊悚片的最高票房纪录。而这个成绩，基本上是杨幂一人带来的。不少杨幂的粉丝“蜜蜂”为了支持杨幂观看了数次影片，可见杨幂背后庞大的粉丝团所起到的拉动票房走高的作用。

如果你认为 9000 万元票房并不能代表什么，那再来看另一个粉丝电影典范。郭敬明自出道开始就是一个颇受争议的作家，然而这并不妨碍他拥有大把狂热的粉丝和读者。在 2012 年前后，郭敬明寻求转型，当起了导演，翻拍自己的代表作《小时代》系列（图 3-9）。

图 3-9　《小时代》海报

《小时代》共分 4 部，2012 年第一部开机，2013 年上映第一、二部，2014 年上映第三部，2015 年上映第四部，每一部都创造了国产电影票房的纪录，每一部都在打破前一部的神话，最终《小时代》系列四部电影狂揽 20 亿元票房，成为中国电影史上票房最高的系列电影。

《小时代》系列评分并不高（图 3-10），因为部分观众认为这部电影价值观不正，崇尚拜金。然而票房出真章，在一片骂声中，《小时代》的票房高歌猛进，最终创造纪录。这个成就靠的是郭敬明强大的粉丝号召力和强大的全明星阵容中每一位明星的粉丝影响力。女主角是粉丝电影的创造者杨幂，影响自是不弱，其他演员如陈学冬、郭采洁、郭碧婷，甚至“雪姨”王琳也有众多粉丝，再加上郭敬明多年累积的读者、无数凑热闹的“黑粉”和不明真相的“吃瓜群众”，想不成功也难了。

粉丝电影让我们看到了偶像的超强引导力。毫无疑问，“爱豆”（Idol，偶像）是粉丝们的领头羊，粉丝甚至可以抛弃原则仅仅因为个人喜好而追随爱豆，一部清汤寡水的文艺片可能没人去观看，但如果是由某位火热的偶像主演，那就是另一番风景了。粉丝电影的出现不但是明星提升价值的有效途径，更是市场的需求，粉丝们喜欢看偶像的电影，愿意为偶像的电影消费金钱，商家何乐而不为呢？

图 3-10　《小时代》前三步豆瓣评分

3.1.3　直播推广——人形自走说明书【小米雷军】

自从动态的网络视频直播开始流行，静态的文字广告似乎成了商家的第二选择，越来越多的企业尝试通过直播推广产品，事实证明这也确实是条不错的销售渠道。如文字介绍可能要洋洋洒洒写上一大段，本来就是图轻快的消费者看多了就会感到厌烦；若是通过直播介绍，则只需将产品拿在手里，动动嘴皮子和消费者聊上五分钟，还可以即时答疑解惑，稳定消费者烦躁的心情。

早已经有高颜值的网红店主通过网络直播的方式销售自己的服装，我们并不感到稀奇。出人意料的是有一位大咖也走上了当网红直播的“不归路”，他就是小米公司的 CEO 雷军。搞技术的企业家们一般都与网络联系紧密，但谁也没想到雷军会亲自上阵直播。

小米手机素来抢手，销量火爆，再加上雷军亲自压阵，还给不给同行们留活路了？雷军已为宣传小米直播了两次。两次内容不同，各有千秋。第一次直播在 2016 年 5 月 26 日，雷军抛弃了他心爱的御用场地，也就是国家会议中心和新云南皇冠假日酒店，举行了一场史无前例的线上发布会来宣传小米生态链产品无人机（图 3-11）。镜头里没有来来往往的媒体和观众，也没有絮絮叨叨的主持人和工作人员。尴尬是不可避免的，但经历过大风大浪的雷军还是靠三寸不烂之舌与粉丝们聊得欢快，顺便还调戏了一把前来捧场的凡客诚品 CEO 陈年。比如 ：“陈年，你送我游艇我也不会感谢你的，你今天就是来砸场子的。”“米粉”也十分捧场，弹幕热闹，气氛活跃，直播顺利结束。

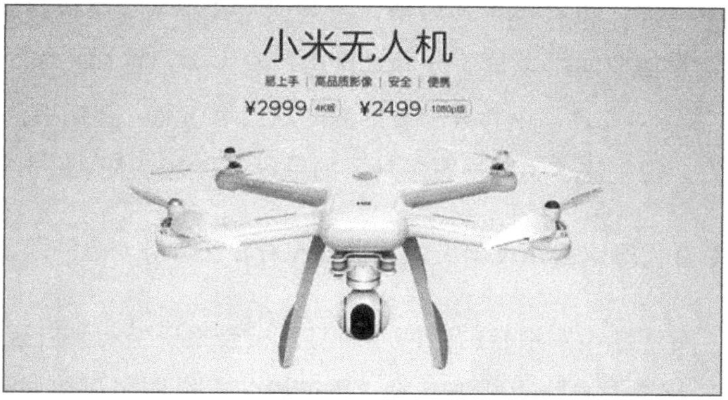

图 3-11　小米无人机

无人机发布会结束了，雷军的网红之路可没有止步。在 2016 年 8 月 15 日晚，为了给第二天的“8.16 大促”热场，雷军又召开了线上直播发布会，主题是“小米 5 · 黑科技”（图 3-12）。通过现场做实验的方式，向观众讲解小米 5 承载的各项黑科技。雷军在直播中向同行叫板 ：“请同行的朋友评价一下，小米的这些黑科技算不算行业领先水平。”将小米的高价值体现出来。

图 3-12　小米 5 直播发布会

同时宣布了更令粉丝激动的重大消息：小米 5 要降价了，减 200 元！小米“8.16 大促”也宣布正式启动，主题就是“小米 5 黑科技周”。为了炒热场子，直播期间雷军每 5 分钟就送出一份大奖，包括小米 5、小米手环 2、VR 等，如此诱惑令粉丝和看热闹的观众争相涌入直播平台，储备了潜在购买力。雷军这一手“一石多鸟”的手段，真是令人佩服不已。

看雷军直播得这么热火朝天，直播到底有什么好处？

首先，对于像雷军举行的这两场新品发布会来说，本来应该租用某个大型场地，花费人力物力装饰一番，再邀请各方媒体和观众，费用庞大，流程繁琐，而在线直播只需要一个办公室和一件产品就可以火热地进行，节省了一大笔费用。

其次，雷军的两次直播都是通过十几家视频网站和手机直播 APP 进行，迎来数百万人围观。其中有一款 APP 是小米自家的“小米直播”。在直播前，小米直播差点被淹没在一拨又一拨的直播 APP 里，没有知名度导致前景堪忧，在直播过程中，小米直播 APP 的用户数量快速增长，从 17 万人暴涨到 57 万人，有多少急切的“米粉”下载了小米直播 APP？一下子做了两门生意，雷军可真是赚大发了。

以上两点都是从成本方面考量，而直播推广最重要的影响是在无形之中：粉丝参与度显著提高。线下发布会还是有一定门槛的，米粉千千万，能拿到入场门票的也就几个，大多数粉丝被拒在千里之外只能“自嗨”。而直播没有门槛，有一部电脑或手机就可以观看，极大地提升了粉丝热情。

不仅如此，当弹幕里粉丝提出的问题被雷军挑选出并亲口回答出来，屏幕那边的粉丝会更加激动。更别提还有不少“吃瓜群众”对小米“路转粉”。这就是互动带来的品牌黏性，一个顾此失彼的大型发布会达不到这种效果，也是一个直播平台的成功（图 3-13）。

图 3-13　小米直播 Logo

产品销售的对象是消费者，对于品牌产品来说，消费者群体的大部分是粉丝，因此粉丝黏性显得格外重要。与冷冰冰的文字广告或商业气息浓厚的发布会相比，直播轻松幽默、互动丰富，主持人与粉丝都不用背负太大的压力，在欢快的气氛中宾主尽欢，产品性能也介绍得清清楚楚。意在攻破电商转型阻碍的企业们不妨尝试一下直播，包管不后悔！

3.1.4 【例】女流，从高材生到小游戏主播

前几年网红留给人们的印象还是小打小闹的职业，似乎当网红的人们都不务正业，学历也不高，整天只想着如何博人眼球。现如今以强者姿态崛起的网红有没有让大家改变想法？网红早已成为潜力无限的正当职业，无数高学历高素质的人才将目光投放在网红经济上，致力于成为其中的领军人物，在互联网经济的风口夺下一城。

玩游戏是不是也是大家眼中不务正业的行为？这还真有一个高材生游戏主播。网名女流，也可以叫 66，国内著名游戏女解说，高考以 702 分成为新疆维吾尔自治区状元，入读清华大学建筑系，本科毕业后，进入北京大学攻读城市规划硕士。与普通人相比这个程度的学历是不是华丽丽地闪着金光？然而女流姐既没有成为建筑设计师，也没有成为专家教授，而是成了一名广受追捧的游戏主播。

女流以解说擅长和喜爱的主机小游戏为人熟知。在清华大学就读本科期间，女流就开始自制游戏解说视频上传到优酷网，成为当时小有名气的网络解说员。不过开始女流姐并没有将这些告诉父母和朋友，因为连身边的男同学都觉得玩游戏荒废学业。

于是女流就默默地录制视频，默默地成了一个高人气网红。这个过程并不容易，有些高难度单机游戏从打通关、查资料、整理玩家评论，到视频压制完成，几乎用了一周的时间。在 2012 年研究生初期因为游戏和学业无法兼顾（图 3-14），女流选择暂停视频更新一年半，在 2013 年才重回解说圈。在整个过程中，女流高材生的理智表露无遗。

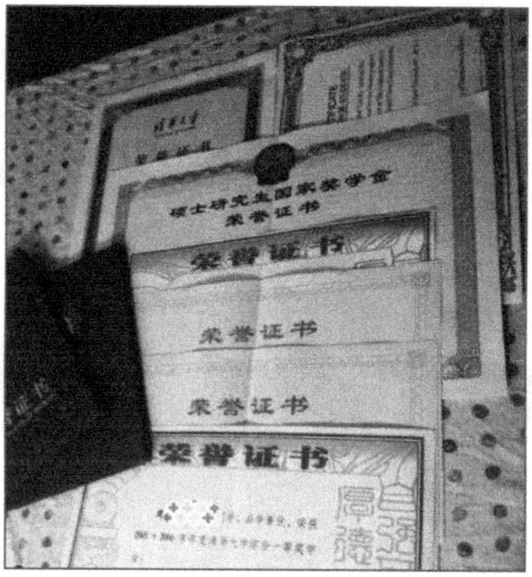

图 3-14　学霸女流姐的各种证书

很长一段时间里，女流都是只闻其声，不见其人，竟然靠声音吸引了一大批“死忠粉”。有粉丝形容女流的声音“像一条懒洋洋的小溪，清澈明亮、缓缓流淌”、“连农业重金属都能净化的天籁嗓音”、“亲切如自己姐姐一般的声音”。还有粉丝试图从声音里听出女流是一个什么样的人，有粉丝评价：“她一定是个很有修养的人，遇到这么一个人，你不觉得很好吗？”对于粉丝们着迷不已的“好声音”，女流至今都觉得难以置信 ：“因为从小到大就没有人说过我声音好听！”

当如此令人着迷的声音与幽默的段子搭配时，女流的光环又亮了几分。“熊脸欠糊啦”、“哎，你去哪？骗子，大骗子”等，这些口头禅已成粉丝调侃女流的经典语录。幻想女流相貌的粉丝根据她曾在解说游戏时哼唱过一首可爱的歌曲为她画了一个卡通肖像 ：“头发乌黑黑，两只眼睛看着谁？耳朵、鼻子都很美，只是下巴有点垂（图 3-15）。”在女流照片没有爆出之前，这幅卡通画像作为女流的标志在粉丝间流传，到现在女流还用它做微博头像（图 3-16）。

图 3-15　女流卡通形象

图 3-16　@女流

以原创视频走红的女流也无法抵挡直播大潮，在粉丝的请求下，女流姐成为一名游戏女主播，走上直播的道路。2015 年 1 月 24 日，女流正式与斗鱼 TV 签约，成为主机游戏女主播中的一员。女流在直播中也露出了真面目，确实是自然清新的温柔美女，令粉丝激动不已。

走上了新的平台就要面对新的观众群，凭借之前视频解说的超高人气以及被公认充满魅力的声音和吸引人的讲解内容，女流很快就收服了一大批新的“铁粉”，在几个月的时间里粉丝数就突破了 40 万人，每次直播的在线观看人数都超过 20 万人，成为斗鱼平台上最受欢迎的游戏女主播之一。

对于自己为什么走红，女流非常谦虚理智。“要我说吧，站在风口上，猪都可以飞起来。”女流并不觉得自己的作品有多么出神入化，对于现在的成就她只是轻描淡写地归结给了运气，认为解说那些冷门游戏正好填补了游戏解说市场的空白，歪打正着之下反而吸引了不少好奇的玩家。

“我解说的都是非常冷门的游戏，最后能收获到那么多志同道合的粉丝，真的很难得，很幸运。”女流姐曾在直播中说过：“直播在于互动，点播在于精华。”互动亲切、讲解清晰正是女流的优点，将互动与精华结合在一起的女流怎么能不红呢？

解说界有一个“游戏主播必开零食店”的魔咒，女流也未能打破，或者说顺应了潮流，开了一家淘宝网店，就叫“女流的零食店”（图 3-17），如今已经做到了两皇冠，满 118 元送女流独家签名照哦！有粉丝打趣说：“以后一发工资我就去女流的零食店！”更有看得远的粉丝认为女流姐的经历意义深刻：“优秀的人只要想做，无论什么行业都能混得不错”。不得不说，这位粉丝说得对。女流姐学习优异、解说清晰，连副业网店都经营得像模像样。这种超能力女子怎能令人不爱呢！

图 3-17　女流的零食店

在制作原创视频期间，女流通过上传近 47 部视频，已经拥有 1000 万的优酷视频播放量，以及 330 万的个人网页点击量。转型成为解说后人气一路飞涨，成为数一数二的人气女主播。女流有一个很大的优势是很多游戏主播没有的，那就是粉丝黏度高。这是靠才华走红的网红独有的优势，粉丝不是被她的外表所吸引，而是真心欣赏女流姐的人品和内涵，认为女流姐可以给她娱乐之外的宝贵经验。在粉丝支持下，女流姐表示一定会继续自己的游戏梦。

3.2 寻找网红：看看哪款适合你

你是爱段子手的机智？还是艳羡美女店主获得的收益？或者你更喜欢打怪升级的游戏主播？的确，段子手、美女店主、游戏主播构成了网红界的半壁江山，然而网红种类绝不只有这几种，还有更多类型的网红正在崛起当中。能让你垂涎三尺的美食网红、传播育儿知识的亲子网红、深藏不露的技术型网红、带你走遍大江南北的旅游网红、教你“整容”的美妆网红，甚至还有已经成为明星的明星网红（图 3-18）。网红的种类太多，因为生活就是这么丰富，每一个生活的角度都可以成为网红的创意来源。一个萝卜一个坑，你这只萝卜是哪个坑的？

图 3-18　不同类型的网红

3.2.1 【例】页游代言，并非什么人都可以

随着网络潮流的发展，外加“国民老公”王思聪的资金支持，电子竞技快速发展，游戏成为了越来越多人休闲娱乐甚至是赚钱养家的方式。如今网游和手游双雄对决，由于手机设备升级，手游大有抢占网游市场的趋

势。网游多指《英雄联盟》、《魔兽世界》、《梦幻西游》等 PC 客户端大型网游。其实网游还有一种类型，就是网页游戏，又叫无端游戏、Web 游戏，简称页游。

跟大型客户端游戏相比，页游不需要下载客户端，点开网页即可，对电脑配置没有要求。页游的轻便性让它在网游市场杀出一条血路(图 3-19)，不过这条来之不易的血路却饱受争议。

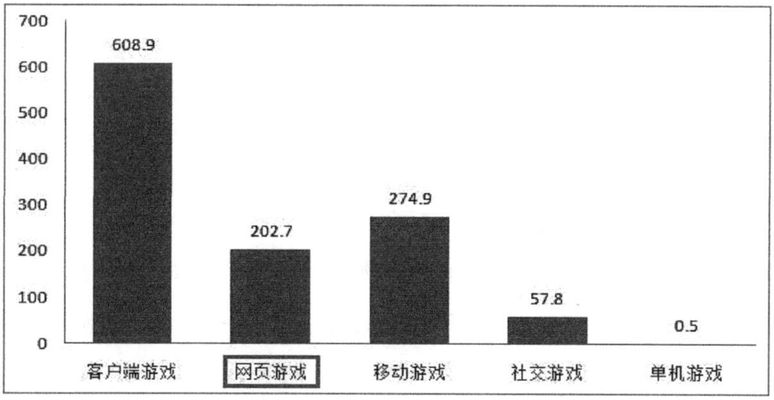

图 3-19　页游在网游和手游夹缝中生存

虽然页游制作不如网游精良，但没有硬伤，可玩性不差，适合作为日常游戏，有时还会出现几匹质量极高的黑马，杀一杀网游的风头。可提到页游，大部分网友的反应都是 :“垃圾。”页游何来如此恶名？只能说成也广告，败也广告。页游广告是名副其实的网页垃圾。

它们多为游戏 gif 动图和小视频，网页打开时自动跳出并播放，如 2013 年满屏的“油腻的师姐在哪里”、“屠龙宝刀点击就送，极品装备一秒刷爆”等广告语甚至成为网民们调侃的段子。娱乐归娱乐，这些“网络牛皮癣”令网友们大为光火，谁不想清清静静地浏览网页？

不管网友们怎么不满，网页广告贴位被页游占据还是无法更改，页游广告与页游发展齐头并进，大有越来越红火的态势，覆盖的网页范围越来越广。《中国游戏产业报告》统计数据显示，截至 2015 年上半年，页游玩家已逾两亿人，新增用户 4450 万人。市场需求的增多折射出网页游戏市场的巨大潜力，页游领军企业逐渐开始发力，带动一批中小企业扎根页游市场。据统计，多家页游企业月收入突破千万元，很多网络游戏厂商纷纷将精力转向页游研发。

厂商大举进军页游市场带来的是页游红海时期。最近两年页游市场推广成本暴涨 10 倍以上，成本的激升使游戏开发商意识到单纯进入页游市场并不像想象中那样能获得暴利。

于是，日渐规模化的市场促进了企业对产品品牌力的打造。为了抵抗狼多肉少的情况，占据更大的市场份额，页游制作公司选择了一种简单粗暴的方法——明星代言。于是各路明星奇装异服的 gif 动画和短视频取代了原来的动画广告，用真人形象继续“辣”网友眼睛。

经常浏览网页的网友们苦不堪言，他们总结了高频率出现的“新视觉污染系四大天王”分别是雷霆战神张卫健、传奇霸业林子聪、时间值钱张靓颖和兄弟来战陈小春。这四位明星代言的手游在相当长的时间里霸占了各个网页的广告贴位，而且广告内容千篇一律。

先是明星本人一边玩一边大肆夸奖这个游戏，然后饰演游戏中的某个人物来场魔幻打戏。一开始代言页游的都是小明星，不过有一天大家发现已有多位大牌明星代言页游，范冰冰、邓超、唐嫣、林志玲，甚至还有周杰伦。周杰伦出人意料地代言了页游《魔法王座》（图 3-20），游戏圈疯了，被页游广告困扰的粉丝也疯了，偶像也来代言，以后要怎么评价页游？

图 3-20　《魔法王座》中周杰伦饰演的角色猎魔人

当下明星代言页游依然是大势，只不过出现了一种新的方式：大热电视剧授权页游，由电视剧主角代言。例如在 2015 年 9 月中下旬播出的现象级电视剧《琅琊榜》，在播出前五个月就推出了《琅琊榜》同名页游（图 3-21），积累了一定的粉丝基础。在电视剧《琅琊榜》播出后暴风收割粉丝的同时，《琅琊榜》页游的宣传同步进行，宣布由剧中男主角胡歌代言，代言形象风流倜傥。

图 3-21　《琅琊榜》同名页游

不止《琅琊榜》，那些叫得出名字的剧统统与同名页游齐上线，《甄嬛传》、《天涯明月刀》、《花千骨》、《芈月传》、《青云志》……对于汹涌而来的页游网友们已经看开了，与其被几个广告洗脑，不如多来点儿花样看看热闹……

对于页游目标用户来说，这样的广告会有极好的效果，但对于非目标用户来说，这些广告无异于精神攻击。不管网友再怎么叫苦连天，页游厂商表示，广告就是要做成这样，首先“洗脑”吸引用户点击，其次才是让其进入游戏。代言页游的明星也不知道是运气好还是不好，时时刻刻出现在网友的面前，却被评价为“low”（低水平），自降身份为“垃圾”页游代言，禁不住流量与口水齐飞。

对于扑面而来的负面舆论，页游厂商应该吸取教训，少搞噱头，积极创新提升游戏品质才是王道。就像已有页游的电视剧《琅琊榜》一样，开播初期收视率不高，开播后凭借超优质量成为国民电视剧，成为2015年的电视剧之王。“内容为王”适用于各行各业。

3.2.2 【例】papi 酱与魔兽 T 恤，好玩转化成购买力

如果提到某个人，就能想到这个人所处的行业，那么这个人无疑是非常成功的。2016年的网红界就可以用一个人来引出，这个人就是2015年中国网红排行榜第二名“papi 酱”（图 3-22）。与“富二代”王思聪不同，papi 酱是实打实的草根网红，但她从默默无闻到一鸣惊人只用了5个月。

papi 酱自2015年10月开始在微博上发布搞笑原创短视频，到2016年2月时就已经小有名气。在4月，凭借《女人真是不好做》的视频获得40万转发量、9万评论量和80万点赞量，一举登上微博热搜榜，成为了网红新贵。从此更是一发不可收拾。

2015 中国网红排行榜					
排名	名称	口碑	创作力	影响力	综合得分
1	王思聪	95.25	88.67	94.17	92.70
2	papi 酱	92.50	94.05	79.50	88.68
3	天才小熊猫	90.58	93.64	79.04	87.76
4	艾克里里	90.27	92.74	80.17	87.73
5	回忆专用小马甲	88.91	91.71	78.40	86.34
6	叫兽易小星	91.85	90.40	67.99	83.41
7	八卦_我实在是太 CJ 了	93.08	86.79	68.16	82.68
8	穆雅斓	87.40	84.98	71.71	81.36
9	张大奕	86.40	84.65	73.00	81.35
10	章泽天	84.16	84.35	69.71	79.41

图 3-22　2015 中国网红排行榜 TOP10

只要发布原创短视频转发必过万，即使只是发布与粉丝聊天的闲段子也会获得几千的转发量。在走红后，papi 酱先后获得了 1200 万元的天使投资和 2200 万元的广告招标收入（图 3-23），估值过亿元，成了网红的代名词，在搜索引擎上搜索关键词“网红”，第一页就会出现 papi 酱的新闻。

图 3-23　papi 酱广告招标 2200 万元

papi 酱的胆子很大，在视频中她不仅吐槽社会现象，还吐槽高人气影视作品。2016 年 6 月电影《魔兽》上映，这部电影由人气游戏《魔兽世界》（图 3-24）改编而来。因此自电影宣布拍摄开始，就有无数魔兽迷们翘首盼望。这么好的话题，papi 酱怎么能错过呢？

图 3-24　《魔兽世界》

《魔兽世界》上映后不久，“集美貌与才华于一身的女子”papi 酱也去观影了。不过她不是作为网红，也不是作为游戏迷，而是作为玩家家属去看的电影。papi 酱的老公是《魔兽世界》的“死忠粉”，于是夫妻二人一起去电影院欣赏了这部神作。papi 酱观影过后思虑万千。

她迅速在微博上发布了一则短视频《我把 < 魔兽 > 给看了》(图 3-25)。在视频中 papi 酱极尽“吐槽”之能，作为一个魔兽老玩家的家属大哭，因为她老公已经刷了无数遍《魔兽世界》了，自己去、和朋友去、和游戏中公会小伙伴去。“他们有公会，我也要成立一个部落联盟寡妇公会！”

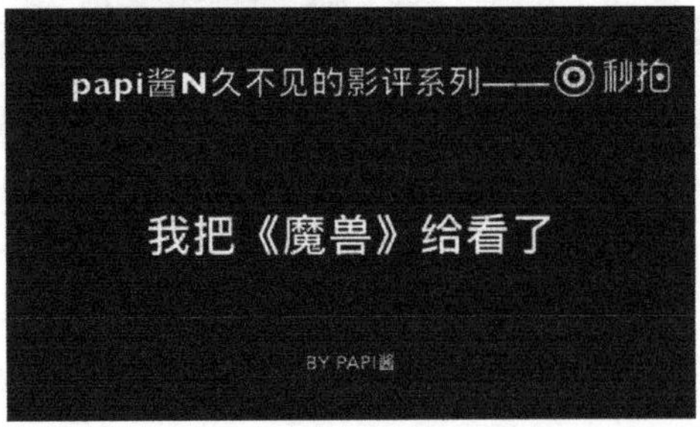

图 3-25　papi 酱的视频《我把 < 魔兽 > 给看了》

这则视频依然广受网友欢迎，截至本书出版前共有 5 万多人转发，30 多万人点赞。但粉丝没想到，这不只是简单的吐槽视频，在 papi 酱的微信公众号对应的《魔兽世界》影评文章末尾，满是套路地附上了网店的链接，卖起了自己在视频中穿的同款 T 恤：papi 酱同款寡妇公会 T 恤（图 3-26）。

图 3-26　papi 酱同款 T 恤

就在大家以为开了淘宝店的 papi 酱会大干一场时，papi 酱停止了淘宝店的销售。目前这个店铺是 0 宝贝状态，再也没有进一步上架新宝贝。在商业化及变现方面，papi 酱一直都很谨慎，销售同款 T 恤也是浅尝辄止，应该还在观望状态。

papi 酱的经纪人杨铭说："papi 酱在未来会不定期在各系列视频中尝试销售产品，所有好玩，可以和视频主题结合的产品，都可以成为销售对象，核心是趣味性。"的确，购买此件同款 T 恤的人多是因为好玩，而不是觉得这件衣服有多么好看。可见，好玩也能转化成购买力。

3.2.3 【例】LOL 若风开网吧，价格贵得"辣眼睛"

随着网络的大范围普及，电子竞技正发展得如火如荼。如今游戏玩得好也能成名人了。细数普及性较高的网络游戏如《英雄联盟》、《魔兽争霸》、

《Dota2》、《星际争霸》等在中国都有水平上佳的职业选手。其中有一位“中路杀神”，在微博上拥有近400万粉丝，还拥有一家皇冠淘宝店，估值过亿元，着实令人羡慕得紧，他就是“Misaya 若风”（图 3-27）。

图 3-27　@Misaya 若风 lol

“Misaya 若风”是游戏 ID，这位玩家原名禹景曦，1992 年 10 月 19 日出生于湖南邵东，毕业于湖南大众传媒学院，前 Dota 职业玩家，LOL（《英雄联盟》）职业选手，现任 LOL 游戏解说。2006 年若风接触到了游戏，2012 年作为 LOL 战队 WE 的队长率队获得了 WGT（World Gamemaster Tournament，世界电子竞技大师赛）、TGA（Tencent Games Arena，腾讯游戏竞技平台）等十连冠。完成“熊孩子”到人生赢家的蜕变。2013 年若风作为优秀电竞选手被选为 WCG（World Cyber Games，世界电子竞技大赛）开幕式火炬传递手，并在同年 12 月 16 日宣布退役。退役之后若风的生活非常精彩，他安心当起了游戏主播，成为一名高人气网红，在 2016 年 7 月 30 日还获得年度最受欢迎游戏主播奖。网红都会走上变现的路子，他不仅开了一家淘宝店，还在开了一家网吧（图 3-28）。

他与另外两位前 WE 的成员合资，在寸土寸金的上海开了家高级网吧。网吧设计十分豪华，还设计了几种不同的上网环境：列车、宿舍、VIP 五黑包厢……配套设施也相当豪华，游戏设备都是顶配，就连网吧的座椅都是电竞专用款，还配有超大 LED 显示屏。

图 3-28　网吧环境优越

从曝光的价格表上看，网吧最便宜为人均 25 元 / 小时，最贵的人均高达 80 元 / 小时。若要打折就要办理会员卡，若风网吧的会员卡又是如何的办理标准呢？会员卡分为四种类型。

金卡：单笔充值 100 元，无折扣。铂金卡：单笔充值 999 元，年消费必须在 6666 元，9 折，附带饮料和自选外设。钻石卡：单笔充值 6666 元，年消费必须在 9999 元，8 折，附带饮料和自选外设。黑金卡：单笔充值 66666 元，年消费不限，6 折，附带饮料和自选外设。

同时，我们还看到任性的营业时间，凌晨 3 点到上午 11 点不营业，11 点到晚上 7 点全场 8 折，而黄金时段晚 7 点到凌晨 3 点没有折扣。网友们纷纷感慨："这个价格实在是太任性了！"

3.2.4 【例】天才小熊猫，10 万元 1 条广告创意微博

微博上有一位脑洞延伸到地球外的网红——段子手"天才小熊猫"（图 3-29）。天才小熊猫成名比较早，是公认的段子手业界第一人。2010 年借着"3Q 大战"（360 和 QQ 两个明星产品互掐）创作了著名的微博 gif 系列《右下角的战争》一举成名，此后一直稳稳地站在段子手界的顶峰。小熊猫段子的魔

性之处在于他的段子第一眼看不出主旨，看到最后才豁然开朗，原来是广告。

图 3-29　@天才小熊猫

“千万不要用猫设置手机解锁密码”就是一条典型的“天才小熊猫式”广告段子。这个段子是一个完整的虚构故事，主人公“我”在设置一台可以用指纹解锁的手机时，脑袋一抽竟然使用了猫的指纹。可是当晚却忘了给手机充电，于是只得在第二天带着猫一起去公司上班。在经历了被地铁拒载、被出租车司机嘲笑、被同事围观等一系列糗事后，“我”的噩梦依然没有结束（图 3-30）。

图 3-30　用猫指纹解手机

在会议上“我”需要展示 PPT，但由于 PPT 文件存在手机里，“我”不得不在众目睽睽之下抱起猫解锁手机，让同事和领导目瞪口呆。其实这只是一条手机广告，粉丝们还是捧腹大笑并纷纷转发。最终，这条微博被转发 17 万次，阅读近亿次，该品牌手机销量也有显著提升。

还有“没事儿不要自己做手机壳”——手机广告、“没事儿不要自己纹身”——京东广告、“记一次逗比的经历”——游戏广告……小熊猫能玩转所有类型商品的广告，又把粉丝逗得不行，微博粉丝与日俱增。因为广告打得实在是太出神入化，其广告费一度飙到了 6 位数。

但是网友纷纷表示：“值！”的确，小熊猫的段子实在是高，他将产品作为道具植入到软文中，消除了反复提及会让人厌烦的问题，而且他还做了另外一件特别巧妙的设定——整个故事情节的发展围绕产品特征而展开。没有广告识别经验的读者通常不会很快觉察到被广告。

而了解套路的粉丝又期待他在每一次广告上的创新，享受这种“出乎意料”的快感。软文软不过小熊猫。电商网红可以向小熊猫借鉴的就是这种软得不能再软的营销手段。成为第二个天才小熊猫很难，但是所有人都可以学习他的文案技巧，头脑风暴起来吧！

3.2.5 意见领袖——网红就怕“入错行”，电商只怕“嫁错郎”

网红界生态链最顶端的人是 KOL（Key Opinion Leader，关键意见领袖）（图 3-31）。网络意见领袖也就是我们常说的微博红人之类的，这些人在一些行业可能是专业的，或者是非常有经验的，所以他们的话通常都能够让他的粉丝信服。KOL 的影响力在微博营销的过程中不可或缺。

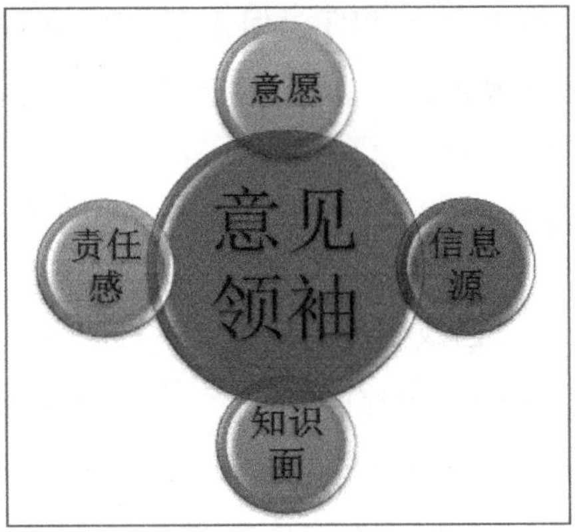

图 3-31　KOL

网红、KOL 和电商能进行怎样的合作呢？网红与 KOL 作为近年来新崛起的网络力量，可以说是品牌传播理念和树立形象的两大法宝。“得此一人必得天下也”。在 2016 年的“8.18 发烧节”（图 3-32）苏宁易购集齐了这两张王牌，开启了“网红 +KOL”的联合宣传模式。

图 3-32　8.18 发烧节

在“8.18 发烧节”，苏宁易购设立了网红导购模式，成功吸引了冯莫提、念念、小苍 MM、陈晓萌、毕加索、mini、王淼、沈曼、孔垂楠、咪咪等一线网红。随后又选出三位高人气主播与德高望重的 KOL 组合进行直播，参与制作组安排的活动。不到两个小时，三对组合在一直播、花椒、映客等三大直播平台上的直播内容同时观看人数超过 721 万人，互动人数高达上百万人。

第一对组合是科技圈 KOL“大 V”王冠雄与美女网红夏沫儿，两人搭档去苏宁易购总部通过直播给大家呈现购物节的运作细节（图 3-33），包括产品讲解、客服呈现、物流观摩等环节。夏沫儿第一次参观苏宁总部，显得异常兴奋，一路上都在好奇：“原来苏宁总部这么大啊！”“原本以为苏宁是卖家电的，原来有这么多品类，什么都卖啊！”“萌萌”的表情让苏宁的品牌形象也跟着拟人化了。再加上王冠雄相得益彰的理性解说，让观众进一步了解了苏宁。

图 3-33　参观苏宁总部的 VR 直播

第二对组合是科技专栏作家老铁与人气网红张可可。开启直播模式之后，两人竟然搭配相当默契。他们选择的线路是，直奔苏宁易购大楼的苏宁通讯体验展厅，体验新奇特科技产品。苏宁通讯体验展示厅“发烧”级产品云集，可谓是与“8.18 发烧节”遥相呼应。

第三对组合是知名科技“大 V”丁道师和人气网红格格 fan，两人选择的是苏宁雨花物流基地。据苏宁物流基地的负责人介绍，基地分为一期和二期，是苏宁建设的第五代物流基地。三对网红的直播让观众深度了解了苏宁，为苏宁“8.18 发烧节”预足了热量。

网红自带大量粉丝，但是问题很明显，对于导购网红并不专业，他们在一些领域很可能是门外汉，推荐的商品不一定靠谱，购买攻略不一定正确。网红无法提供有效信息怎么办？那就让具有人气的网红与能够提供专业购买策略的 KOL 结合起来。网红负责貌美如花、活跃气氛，专业权威的 KOL 负责给出购买建议，与网红互补。直播之于电商不应该只是营销手段，而是一种新导购形式，消费者们既需要热情的网红鼓动购买力，也需要专业人士的购买意见。

3.3 摆正位置：这些条件不能少

做电商的第一步就是进行产品定位，产品的外观、功用、风格、目标群体、销售渠道、营销方式、行业竞争和自身条件都是产品定位的要素。产品定位简单点讲，其实就是解决产品和消费者关系的手段，也是和消费者沟通的筹码。

消费者很复杂也很简单：复杂的是他们喜好不同，产品尽管标注各项利益诱惑可能依然不符合他们的要求；消费者很简单是指他们虽然各有所爱，但是找到他们所喜爱的风格后，就会成为忠实的粉丝。准确的产品定位才能带来全面的产品价值（图 3-34），全面的产品价值才能相对广泛地吸引口味复杂的消费者。

图 3-34　网红的价值条件不能少

3.3.1　百里挑一——内容竞争贵精不贵多【日食记】

网红经济已然成为红海，网红相关行业竞争激烈，有无数创业者涌入网红电商的队伍，但成名获利者少之又少。如今，能在网红经济的领域占有一席之地的网红都是百里挑一的好手，他们一定有特殊的优势让人难以模仿。“日食记”（图 3-35）就是一个杀出重围的网红，在网红多是娱乐性的今天，日食记却凭借着温暖治愈的小清新形象屹立不倒，成为 2016 年“微博超级红人节”评选的十大影响力视频栏目之一。日食记究竟是如何维持热度的？

图 3-35　日食记 Logo

“日食记”是一个美食记录系列视频的名字，在罐头场文化传播有限公司诞生。这个公司的 CEO 不是人，而是一只名叫“酥饼大人”的漂亮白猫（图 3-36），同时它兼职做日食记的形象大使，拥有自己的微博。酥饼大人平时负责卖萌、调戏客人、拍摄宣传照。

图 3-36　CEO 酥饼大人

真正负责做的是他的主人，也是罐头场真正的老板——姜轩，人称姜叔、姜老刀，《日食记》短片的导演。姜老刀对粉丝说：“想抓住你的心，先抓住你的胃，抓不住你的胃，我放猫萌死你。”姜老刀凭什么抓住网友？难道凭文艺情怀吗？不，凭的是精致的视频内容。

作为一个尽职尽责的美食类微博，日食记的内容可不只是几张看起来色香味俱全的食物照片，简洁舒适的画面和温暖治愈的故事才是王牌。有关食物姜老刀可以细分出各种各样的角度，做成各种各样的系列视频，按季节分、按材料分、按节日分。这些视频短片不只是美食教程，更是生活态度，对待美食细心的人，一定是个温柔的人，视频中处处可见姜叔的铁汉柔情。有粉丝评论说：“好喜欢，只是几乎每看一集都会掉泪，小小的伤感。”没错，这就是有温度的《日食记》（图 3-37）。

图 3-37　有温度的《日食记》

拥有一大批拥趸的“日食记”很容易吸引到广告商的目光，但至今没有出现任何植入广告。姜叔解释说：“（有赞助商）想赞助家电，但家电款式实在缺乏美感。也有广告商想高价求冠名，要求在视频开始植入大 Logo，但这个客户和我们的风格相差太远。”

不让《日食记》沦为植入广告的沼泽是姜叔的原则。一方面是因为植入广告影响了视频质量，另一方面是姜叔的傲骨，既然不缺钱，也不需要这么赚钱。但《日食记》中并不是没有广告，据姜叔自述：“如星巴克、象印、明治这类进口品牌都是我们的客户，它们会认为我们基于一个网络短片，视觉方面已经跟 TVC 相差无几，并且我们本身就拥有一个良性的渠道推广。后续在商品上，我们的平台也可以推广，相比它们投入几百万元在电视台做广告，还要分一大笔钱给广告公司，面对我们则更直接，性价比也很高。而对我们来说，因为整个团队实现了低成本运作，性价比也很高，双方得益。所以这样的合作非常良性，这些品牌目前都处于长期合作关系。不随便打广告让粉丝们更爱日食记了。”

日食记也有官方淘宝店（图 3-38），淘宝店的风格与视频风格一样，透着浓浓的暖意，主要产品是视频中姜叔使用的厨具和酥饼大人的周边产品。销量还算不错，一般单件商品可以销售掉差不多两三千件。但是目前为止只是在微信和淘宝销售，未来不排除在其他渠道销售。

图 3-38 “姜叔的日食记”淘宝店

日食记在 2015 年 12 月 28 日宣布完成千万级 A 轮融资，投资来自原经纬董事及陌陌高管发起的浅石创投。浅石创投合伙人郑毅也十分看好罐头场：“在姜轩温暖又踏实的发展脉络中，罐头场获得了清晰的定位和极高的辨识度，出品的原生内容在内容创意、产出效率和商业价值这三个层面上找到了舒服的平衡点，让城市人在零碎的时间中得到精神需求的满足。”

《日食记》不只是一部美食纪录短片，姜轩说：“我一直以来的理想是带着我们的作品进院线，我知道目标在前方但完全看不见，现在因为它，目标近了，我能看到它在哪儿了。”

3.3.2 因时制宜——不同人群接入点不同【网红店主】

网红立足于整个网络社会，因此所有网民都是网红的受众群体。除了针对性的目标群体，难道网红就不关注其他群体了吗？不，都要关注。在不同时间，不同人群的接入点不同，网红如果想达到全民网红的境界，不止要把握住目标对象，还要广泛吸收非主要目标群体为粉丝。

就拿网红店主来说，他们要考虑的方面太多了。首先是网购消费者的年龄（图 3-39）。虽说网购人群上到古稀老人下到总角儿童，但是最大的消费群体还是 80 后、90 后年轻一代。如今的网红店主多是美女店主，她们瞄准的主要目标是 20 岁左右购物易冲动的年轻人群。

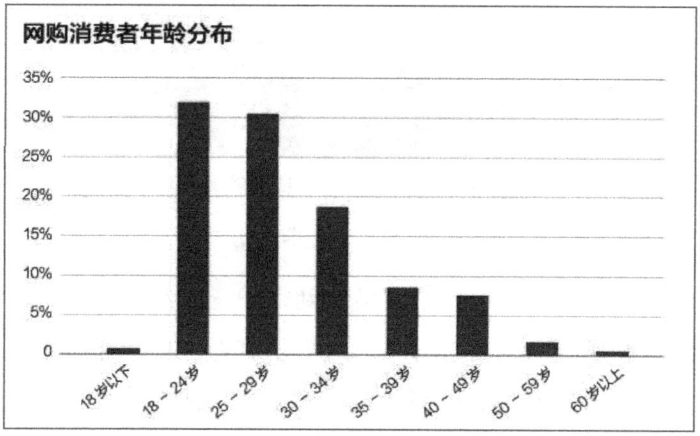

图 3-39 网购人群年龄分布

其实这些网红店里的衣服有很多风格：运动款、Office Lady 款、优雅少妇款。可以满足的消费者并不止 20 岁的少女，十几岁的小姑娘和三四十岁的已婚妇女都可以。这就是网红店主根据消费者年龄规划网店的小心机。网购群体的年龄数据很重要，性别分布也很重要。

热衷网购的多是女性，难道就没有男性吗？其实也有的，并且不在少数，约 40% 左右的网购者都是男性（图 3-40）。美女网红店主的店铺完完全全地针对女性，那男性顾客怎么办？男性顾客一定是很少光顾这些店铺的，但不排除他们为了自己的姐妹、女朋友、妻子、母亲走入这些网店。可能有人说这不是凑巧吗？世界上没有巧合，有的只是必然。一定有男性顾客在女性朋友的引导下走入网红店铺，至于目的为何就不是网红店主能控制的了。

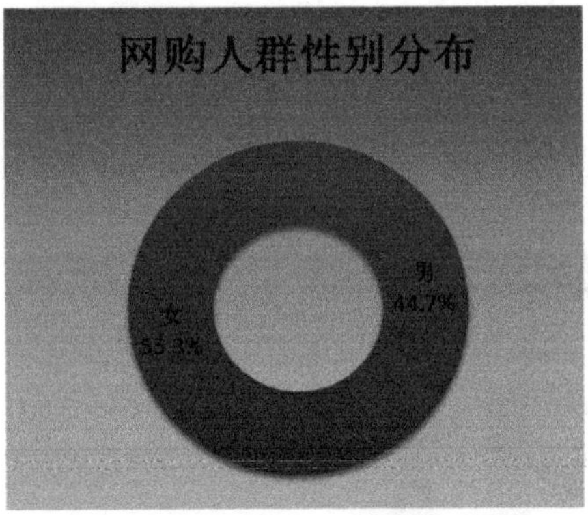

图 3-40　网购人群性别分布

因时制宜不难做到，但也不容易做到，毕竟网红一定要瞄准大的目标对象，然后才能兼顾小的目标群体。电商网红在推销产品时只要把握住大方向，适当地辅以其他种类产品就可以瞄准多个消费者群体。但切记不要顾此失彼，流失掉主要的目标人群。

3.3.3　厚积薄发——专业知识一定要精通【Pony】

如果没有出众的颜值，也不会讲搞笑的段子，那还能成为网红吗？答案是，能。如果不能做一个娱乐类网红，那就可以踏踏实实地学一门专业技能，做一个高大上的技能网红。至于要学什么技能？三百六十行，行行出状元，哪一行适合你？

微博上有很多美妆博主，向网友推荐好用的化妆品、美妆教学视频，只要化妆技术入得了眼，多少都会有粉丝。正在美妆博主欣欣向荣的时候，杀出了一匹来自韩国的黑马——Pony 朴惠敏，韩国最具影响力的美妆大师，著名美妆博主，畅销美妆书作家，拥有独立品牌 Pony Effect（图 3-41）。

图 3-41 Pony Effect 品牌的产品

Pony 在中国的知名度也很高，不过一开始由于她没有任何一个中国社交网站的账号，中国网友只能等待前线小伙伴把 Pony 的最新视频传到中国，热爱美妆的妹子们对 Pony 越来越好奇。

Pony 在中国知名度的飞跃源于她对美国歌手 Taylor Swift 的仿装，神似形也似，模仿水平之高简直可怕。中国的美妆爱好者们再也抑制不住对 Pony 入驻微博的渴望，Pony 也看准了中国美妆市场的前途，于是在中国网友们再三呼唤中 Pony 被“求”来微博（图 3-42）。一石激起千层浪，Pony 入驻微博让其他美妆博主黯然失色，有网友说：“Pony 一来我就可以取关其他美妆博主了。”这足可以说明 Pony 的美妆技术碾压其他博主，实力过硬，红得有道理。

图 3-42　@Pony_ 朴惠敏

从 2008 年开始，Pony 在韩国经营的个人美妆博客就以易上手、超实用、前端及效果惊人等特点，集聚了难以想象的超高人气。现在的 Pony 已完全蜕变成韩国最具影响力的美妆大师，在全亚洲进行独家美妆技巧的传播，其一贯的简易画法和精彩搭配正在受近亿粉丝热捧。她更是以在美妆术上表现出的实力和活跃的工作热情在“彩妆师大赏”（业内非排名性质的点评）中上榜，还出版了独家美妆教程。

对有的女生来说化好妆真的非常头痛，在头痛时 Pony 像救世主一样出现在她们面前，妹子们就差飞扑上去抱着不松手了！不管是什么技术，只要精通，就有成为网红的潜力。如今网络上缺少真正有能力有技术的网红，专业网红市场未饱和，正是创业者占领市场的好时机。

3.3.4　知己知彼——粉丝特性要了如指掌【回忆专用小马甲】

“星星之火，可以燎原”，每位粉丝都是一点星星之火，当他们汇聚成火海时，不仅网红人气“爆棚”，娱乐圈和经济圈也得抖三抖。粉丝们直冲云霄的热情支持力，令人咋舌的八卦能力，源源不断的创新能力，强大的消费购买力（图 3-43），无一不让网红们感受到一条真理：拥有粉丝就等于拥有了全世界。而网红们也毫不手软地捏住了粉丝的命门，利用他们的特点来进行变现。

图 3-43　粉丝的特点

“回忆专用小马甲”是微博著名网红，萌宠博主，微博主要内容是两只宠物——萨摩耶“妞妞”和折耳猫“端午”的生活记录和各种萌照。博主被网民戏称为“马建国”，马建国最初设此微博是作为感情回忆之用，期间时有放两只萌宠的照片，当他发现自己的两只宠物十分受大家喜爱时，该微博账号便逐渐成了“妞妞”和“端午”的专有微博。截至 2016 年，在马建国的经营下“回忆专用小马甲”粉丝量已接近 3000 万人（图 3-44）。妞妞和端午的粉丝更是无处不在，经常有粉丝看到有人遛萨摩耶，就会走上前问：“请问你是回忆专用小马甲吗？”让马建国哭笑不得。

图 3-44 @回忆专用小马甲

2016 年 8 月 1 日，马建国也融入直播潮流在直播平台“咸蛋家”开启直播首秀(图 3-45)，仅仅五分钟就突破 50 万人观看，半小时达到 360 万人，最终接近400万观众，突破单平台网红直播同时在线记录。面对热情的网友，马建国坦言自己“有点紧张，说话声音都变了”。

图 3-45 回忆专用小马甲直播

随着直播的进行和话题展开，马建国和大家聊得越来越顺。面对网友对妞妞、端午的关心，马甲非常感动，还和大家分享了如何训练妞妞和端午定时如厕、生病如何照顾等。本次直播收到了多少虚拟礼物并没有统计出来，不过看着观众不间断地投放礼物，相信数额一定相当可观。

在直播中，马建国还是“套路”了粉丝，光明正大地推荐了自己的新书《愿岁月无可回头》。马建国和粉丝诉苦，为了写书投入了很多精力，写书期间在网上很少和网友插科打诨，希望大家多多支持。如今《愿无岁月可回头》已经出版，不知道会有一个怎样的销量呢？

第 4 章

事件，我们要学会适当搞个大新闻

人们虽然不喜欢经历大风大浪，但喜欢凑热闹看大风大浪，因此平凡生活中的琐事从来不会成为新闻热点，百年难得一遇的超出常理的大事件才是真正的热门焦点。电商经营同理，没人喜欢毫无特点、平平淡淡的广告，趣味横生、轰轰烈烈的营销才能引人注目。

电商要摆正自己的主角位置，与其看新闻，不如搭上新闻的快车或者自己成为新闻，做焦点自然就会获得无数消费者的关注。这就是电商必备的事件营销理念。在传播速度极快的网络世界中，不间断地成为广大群众的谈资才是电商网红的生存之道。

虽然恶意营销也能偶尔提升品牌知名度，但有损品牌形象，因此还是建议电商网红成为符合社会价值观的正面新闻，影响力越大越好。大家可能要问，平常没什么事怎么营造大新闻？牢记一点：有事更好，没事找事（图 4-1）。至于要成为什么样的新闻？事在人为。

图 4-1　没事找事的事件营销

4.1　热点搭载：时事八卦化为己用

没什么能比时事八卦更让人们感兴趣。当电商本身暂时无法成为新闻时，不妨选择一个热门的时事八卦与之相联，将新闻事件化为己用，借八卦东风登上头条。社会事件、经济事件、体育新闻、娱乐八卦等都是能带动电商营销的有力话题。事件这么多，电商应该怎么选？

选择与自身契合的新闻是基本，一个娱乐性的电商企业如果非要和一则怨恨深重的社会新闻挂钩可不是明智之举。在大方向定好后，还应该关注新闻的持久性。

新闻按事实发生情况与报导时间来划分可分为两种，事件新闻与非事件新闻。非事件性新闻多是有计划的阶段性大型活动，如世界杯足球赛、奥运会或者全国两会，会有渐进性的持续报导，如果电商与之同步会有足够的准备和宣传时间；事件性新闻则是突发新闻，是一种来得快去得也快的即时消息。不管这两种事件如何，电商都应学会借势，利用新闻大事件的热度使自身价值再上一个台阶（图 4-2）。

图 4-2　借势破局

如果想搭上非事件性新闻的顺风车，就要求电商在前期做好规划与预告，在事件发生时期同步宣传产品，在事件结束后不忘好好收尾来一个升华，在较长的宣传周期中给消费者留下一个良好的印象。如果某个事件性新闻与电商宣传契合，则要求电商有优秀的应变能力，能够处变不惊，快速地制定出与时间相符合的应变方案，随即快速进行宣传，在短时间内给消费者巨大的冲击，留下深刻印象。两种新闻各有各的好，各有各的难，双管齐下还是独宠一方？看电商企业自己选择。

4.1.1　要接地气——话题要能让粉丝搭上腔

现在的“迷妹们”都喜欢霸道总裁，高冷、腹黑、多金。然而，高冷是一种只适用于偶像剧里的人物设定。如果在现实中谁能做到完全的高冷，那肯定妥妥的没朋友。电商更是如此，想做一个高冷电商？还是趁早放弃赚钱的念头，哪个消费者愿意和冷面客服打交道？

消费者的体验可以决定一个企业的生死，如果消费者体验不佳，那么回头客免谈，老客户带新客户也免谈。网络营销主要依靠这种一带多的病毒式营销获取流量（图 4-3），因此做电商切忌摆架子，要打入消费者内部，用独特的风格和优质的服务吸引粉丝。三个字：接地气。

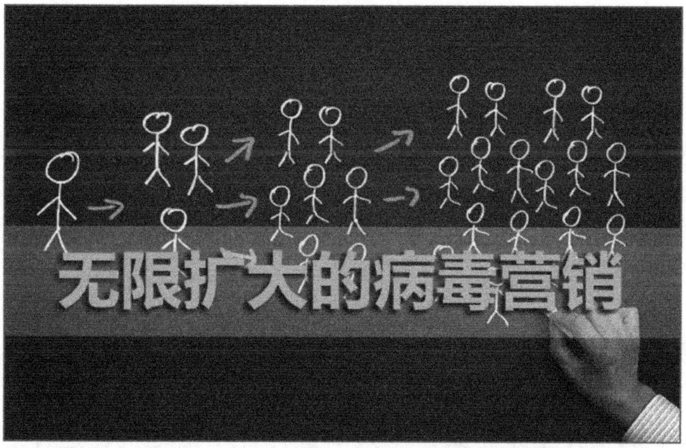

图 4-3　病毒式营销

接地气说起来容易做起来难，要么就是电商或网红难以放下架子去融入到“俗世”之中，要么就是用力过猛让消费者生厌。不过当然有电商企业起到了榜样作用，下面要提到的这个例子，竟然用一种接地气的“性冷淡风（Normcore）”征服了众多网友，成为了他们心中营销的佼佼者。

我们素来知道IT科技企业苹果（Apple）的营销做得一绝，“bigger than bigger”的境界让一般企业只能羡慕嫉妒恨却无力赶超。苹果的产品、网站和宣传走的就是高大上的“性冷淡风”。“性冷淡风”是极简主义的生动解释，即极简与克制的融合，处处透着去繁求简的高级智慧。

苹果官网主色为黑白灰，这三种颜色是“性冷淡风”的主要搭配。网站中产品宣传图往往是大片白色做底色，放一张凹造型（俗语，等同于摆姿势）的高清产品美照，然后用深灰色字体配一句高境界气死人的精炼宣传语（图4-4）。产品宣传图就是这么简单高冷，却让世界各地的“果粉”欲罢不能，就差卖肾买买买了。

图4-4　苹果“性冷淡风”的宣传图

然而这个例子并不是苹果，苹果的宣传并不接地气，这种“性冷淡风”得以实行是基于其超强的品牌号召力和粉丝忠诚度，这两点普通企业无法做到。不接地气的宣传却让苹果成为现在最多人使用的电子产品，这种狂热的现象可以当作一个热门事件被其他企业借鉴，也不失为一种智慧。而苹果事件竟然被一个食品企业盯上了。这个企业就是国内著名的食品品牌——卫龙食品。

提起卫龙，大家会立刻想到一种零食——辣条。没错，卫龙品牌就是凭借好吃到停不下来又干净卫生的辣条走进了大众视野，从一个看似很低端的零食品牌成长为国民零食品牌。前几年微博上流行“童年回忆”，卫龙辣条作为其中的代表走进大众的视野（图 4-5）。

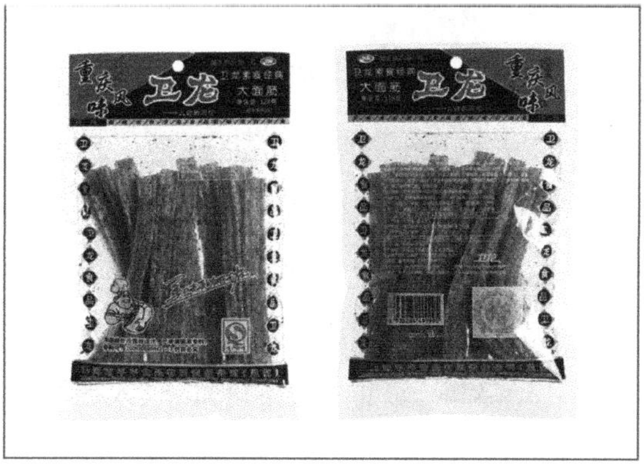

图 4-5　童年回忆和长大必备的卫龙辣条

网友纷纷表示 ：“这个辣条确实味道不错，该去买来吃吃了。”怀旧引起了卫龙网络销售的第一波热潮，随后因为干净的工厂环境照片被曝开始第二波营销热潮，接下来又发起了“外国人吃辣条”的话题，卫龙意在表明自己已经是走出国门的食品品牌，不再是原来那个只能在小卖部里看见的零食品牌了。一波又一波的营销热潮让卫龙成功地吸引了大批粉丝，有从童年长大的老粉丝，也有慕名而来的新粉丝。在粉丝群体巩固之后，也趁着电商风口来袭，卫龙放出了大招。

在 2016 年 9 月的第一天，一向走又红又专风格的官方微博“共青团中央”竟然发了这样一条微博 ：“打开一个卖辣条的网站，我以为误入了苹果官网……”并附上了对卫龙天猫店新界面的分析和赞美。好奇的网友们打开一看，卫龙网店的新风格不就是苹果的“性冷淡风”吗？这大片的白色底色，深灰色的字体，豪气万丈的宣传语（图 4-6），真的不是误入苹果官网吗？

图 4-6　卫龙天猫旗舰店的“性冷淡风”宣传图

更令网友感兴趣的是，卫龙不仅高水平地模仿了苹果的“性冷淡风”界面，还为辣条起了英文名。条状大面筋，也就是我们一般所说的辣条，英文名还比较朴实，直译为“Hotstrip”，即辣的长条；厚片状的亲嘴烧英文名才叫有范，叫“Burn kiss”，即燃烧的吻，令人捧腹！

对于卫龙天猫旗舰店的改变，网友们纷纷表示支持：“辣条我只服卫龙（图 4-7）。”更有夸张的网友笑称：“苹果算什么？设计我只服卫龙！”“感觉像在买卫龙牌手机。”“卫龙重新定义辣条新科技。”“像这种清新脱俗的辣条，一看就跟外面的妖艳辣条不一样！”

更有看得深刻的网友评价到：“太牛了，所以说没有垃圾食品，只有不努力的食品品牌。”好评如潮，那辣条的销量有没有增长呢？放心，一大群看过官网新界面的网友表示：“吓得我赶紧去买了两包辣条压压惊！”辣条本就是大家喜爱的零食小吃，平常打开网店都难免手滑买几包，更何况这回的新界面大受欢迎，一传十、十传百，流量剧增，销售额增长也是铁板钉钉了。

图 4-7　“我只服卫龙！”

卫龙这次虽然走的是“性冷淡风”，难道会有谁会说它不接地气吗？它太接地气了，苹果品牌是人们认知度最高的电子品牌，苹果手机几乎人手一台，又赶上苹果即在 2016 年 9 月 7 日推出 iPhone 7 的大日子。卫龙这回借势借得实在太好，风格、时机都恰到好处。正如网友所说，没有不好的品牌，只有不努力的品牌。努力就要创新，抓住一切可以想到的甚至想不到的事件搭上顺风车，狠狠地火一把。在辣条界，卫龙已经独孤求败了，其他行业的电商企业们又当如何借势成为龙头？

4.1.2　重参与感——乐在其中才能产生依赖

前面已经数次强调，在网红经济市场一切为了粉丝，粉丝就是原动力。电商应拉拢这些原动力，而不是高冷地抱臂观望。人都喜欢支配自己的生活，所以粉丝喜欢自己感兴趣的新闻，更喜欢自己能参与的话题，他们有一肚子话想说，只是苦于无处可说。

如果网红愿意放下身份和粉丝互动，让粉丝有渠道发表自己的看法，那必然又是另一番天地。多数网红都在苦苦寻找与粉丝联系的最佳方式，其中有一位走在了队伍的前列，与粉丝相处融洽得令人眼红，甚至达到了交换即时信息的程度。他是谁？

娱乐圈鼎鼎大名的“关爱八卦成长协会”（简称关八）（图 4-8），由湖南卫视主持人马睿创立。这个名字一目了然，自然是花样爆料八卦。这年头做八卦也能红？没错，就在现在这年头，八卦的市场潜力无穷。娱乐圈的风起云涌离不开八卦，各大娱乐综艺调侃明星离不开八卦。

图 4-8　关爱八卦成长协会

粉丝了解偶像更是离不开八卦。其实不止马睿一人看到了商机，只是八卦的底线难以摸透，或多或少要触及明星的隐私，得罪了人还怎么在娱乐圈混？在一干人等踌躇不决的情况下，大胆的马睿抓住了这个机会，一炮而红，成为了大家的“会长”。

诚如马睿所言：“在全民狗仔的时代，关八作为一个载体运营时，正发挥着它不可小觑的力量。”马睿原是王牌媒体湖南卫视的主持人，曾担任湖南娱乐频道《嫁给我吧》、《小马热话题》、《生活甜甜圈》等多档娱乐综艺节目的主持人，也算是摸透了八卦的套路。

其中《小马热话题》算是关八的源头。《小马热话题》首期题目为《娱乐圈未解之谜の于正怪圈の最黑正女郎》，讨论袁姗姗为什么会被那么多网友讨厌，正好迎合了微博博友发起的话题“袁姗姗滚出娱乐圈”，得到了热烈反响，因为种种原因，转在网络端播出。节目反响不错，却被拿掉非常可惜，即使开头不顺，马睿也没有灰心，当机立断和电视台的同事一起成立了工作室。

起初，关八只是副业，主持人才是马睿的本职工作，但他基本所有的空闲时间都放在运营关八上，因为人手不足，微博、微信全是他一个人负责，关八微信公众号主打的语音都是他亲自录的。后来，关八转型做起视频节目，每周一或周五晚上八点十五分在优酷自媒体频道更新，截至本书出版前播放量已达 4.5 亿，微信公众号粉丝突破 200 万人（图 4-9），逐渐成为高规格的互联网娱乐节目。

图 4-9　关八微信公众号

八卦的热门话题吸引了众多观众，再加上会长马睿颜值在线，关八逐渐拥有了大批忠心耿耿的粉丝，马睿称其为“小老婆”。“小老婆”的作用可一点儿都不小，不仅给关八提供了强有力的粉丝基础，还是他们获取第一手消息的有效途径。明星时常走动，而“小老婆”们又遍布五湖四海、各行各业，一定有常和明星打交道的“小老婆”，再不济也能在大洋彼岸来个偶遇呀！

关八开辟了一个栏目——“小老婆来信”。可别说，“小老婆”们真是深藏不露，现在平台上80%以上的内容都是来自于“小老婆”，是关八在世界各地的娱乐记者和内容作者。“别人可能有50个专业的狗仔，而我们有50万个不专业的、分布在全国各地和各行各业的用户。”

开始“小老婆来信”只是爆料自己的生活趣事，马睿说：“抱着试试的心态丢了邮箱上去。没想到第二天收到几百封的回复邮件。我们打开看，原本担心用户表述得不那么有意思。没想到完全没有。所以，除了延续这个生活爆料栏目，后面我们又做了爆料明星的。”

为什么“小老婆”们的积极性如此高涨？马睿依然看得明明白白：“几个朋友在一起挺开心，找一个餐馆一边吃饭一边聊八卦，我们就是把这样的一个场景搬到互联网上来了。每个人都有八卦的欲望，我就给大家一个就像和我在单独聊八卦的场景。”此外，“小老婆”们享受爆料的冒险和刺激，觉得自己也成了名侦探柯南（图4-10），这也是关八“小老婆”发展壮大的原因。

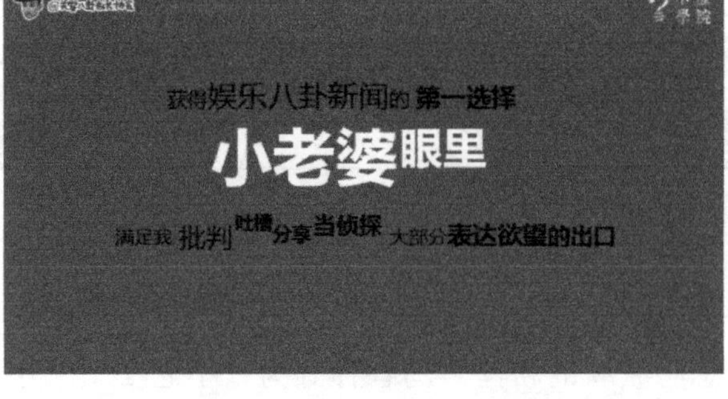

图4-10 “小老婆”的重要性

马睿非常清楚“小老婆”是关八的核心竞争力。“依靠‘小老婆’生产内容，调动‘小老婆’的积极性。然后，在微博、微信上成立专门的福利社发放福利，保持和‘小老婆’的强互动。”马睿曾受创业社群“不懂学院”之邀参加了他们的创业讲座第二站深圳站，讲述了关八的发展故事。

在演讲中，他表达了对无数“小老婆”的感谢：“我非常爱他们。每一次我遇到“小老婆”，永远会停下脚步花很长的时间跟他们合影，同时我们在公众平台上以及我们的节目内容上天天给他们发福利。他们一定会感受到你所输出的情感细节。”因关八而成立的火钳刘明文化传媒有限公司（图 4-11）在 2015 年 9 月获得了腾信股份领投的第一笔融资，估值过亿元。

图 4-11　火钳刘明 Logo（谐音火前留名）

关八在 2015 年获得了优酷全视频之夜“2014 年度最具影响力频道大奖”，在 2016 年“微博超级红人节”上再次成为“十大影响力栏目视频”之一，成为 UGC（User Generated Content，用户原创内容）平台的代表。如今关八已坐拥千万“小老婆”，给关八带来了巨大的收益。如何让粉丝参与，参与度又如何？电商应根据自身情况制订详细计划，不可儿戏。

4.1.3　特立独行——活动主题玩出新花样

事件来源于社会生活的方方面面，电商如果能够灵活运用事件进行宣传，就能将自己完美地置于社会之中，成为一种潜移默化的社会现象。对消费者来说，某种品牌的潜移默化比刻意为之力量更大，前者表现为自然而然的心理和行为，后者是被强加的“安利”（网络用语，推荐），谁不喜欢出于本心的选择？

因此，融入社会是电商应为自己设立的又一重要目标。这就要求企业进行社会化营销，企业从社会的角度出发，以实现消费者满意及消费者和社会公众的长期复利作为企业的根本目的与责任。这并不容易做到，利益和社会影响如何衡量？两手都要硬，两手都要抓。

这个企业就是可口可乐。1886 年为了应对禁酒令，可口可乐在美国佐治亚州亚特兰大市诞生，如今已是全球销量最大的饮料厂商之一，每天有 17 亿人次在畅饮可口可乐公司（图 4-12）的产品，大约每秒钟售出 2 万瓶饮料。可口可乐的产品不仅口感刺激爽快，其广告营销更是独树一帜，与社会发展相互交融，激发创新灵感。这个长寿的百年企业方兴未艾，势头丝毫不逊于其他的“小鲜肉”。

图 4-12　可口可乐 Logo

究其原因，无非是因为可口可乐已经成为社会的重要组成部分，成为饮料产品的第一代名词，成为一种“真理”。可口可乐是广告营销界的老司机，百年来玩转花式广告，每一则广告都有可圈可点之处，还能将同类广告做出不同风格。为了让产品更具吸引力，可口可乐一直致力于产品外观的改进，在经典的红色包装基础上花样翻新，推出了多种系列的产品包装。

可口可乐不同系列的包装的确设计精美，具有收藏价值，有不少收藏爱好者以收藏可口可乐不同主题的瓶子为乐。境界最高的收藏者是一名意大利男子，从 5 岁开始收藏可口可乐罐，37 岁时共收藏 10558 个罐子，拿下了吉尼斯世界纪录。

可口可乐历经百年，当口味已经很难再改变时，它摸准了消费者越来越“看脸”的心态，在瓶身设计上下足了功夫。在 2013 年，可口可乐中国区推出了“昵称瓶”。

当时微博等新社交平台人气暴涨，趣味横生的网络词语如雨后春笋般涌现，打入平常语言之中，十分接地气。一时间，“高富帅”、“白富美”、“小清新”、“文艺范儿”、“吃货”等新词占据了纸质和电子媒体的各大版面，成为常用语。可口可乐敏锐地察觉到了网络新词的威力，顺应潮流推出了“昵称瓶”，将这些代表人物形象的新词印在了包装上，竟受到了出人意料的热烈欢迎（图 4-13）。

图 4-13　可口可乐昵称瓶

昵称瓶分普通款和定制款，普通款上只印刷常见网络昵称，共 57 款，在各大超市卖场上架；定制款则可以印上买主要求注明的姓名和指定昵称，给买主顾客至上的至尊感受，也是搞笑送礼的不二选择。这个昵称瓶受欢迎到什么程度？在当时有不少可口可乐粉丝大批量购买可口可乐，喝完后将包装纸整整齐齐地撕下来，一张一张地收藏好，直到攒齐一套。

2013 年，可口可乐昵称瓶掀起了全民狂欢，微信朋友圈、QQ 空间、微博等社交平台，处处可见消费者晒出自己买到或定制的可口可乐昵称瓶，明星“大 V”们也为可口可乐推波助澜，晒出了自己独有的定制款包装，将粉丝洗脑于无形之中，进一步扩大了昵称瓶的影响力。

消费者的买账让昵称瓶给可口可乐带来了巨大的经济效益，可口可乐公司的当季中国地区可口可乐独享装（300ml、500ml、600ml 包装）的销量较上年同期增长 20%，超出 10% 的预期销量增长目标，还在广告界的盛典——中国艾菲奖（大中华区）颁奖中摘得大奖。

昵称瓶热潮逐渐退去，宣传手段也应该更新换代了。在 2014 年中旬，可口可乐趁热打铁，推出了“歌词瓶”（图 4-14）。将经典流行歌曲中的经典歌词印在瓶身上，从周杰伦到五月天，从毕业季骊歌到世界杯主题曲，可口可乐考虑到了特定人群的喜好。

图 4-14　可口可乐歌词瓶

用一句歌词来形容可口可乐改换歌词瓶包装的目的：“有没有那么一首歌，会让你轻轻跟着和？”经典歌词勾起了多少有故事的文艺小青年心中的往事？虽然与昵称瓶大同小异，歌词瓶依然为可口可乐经济效益的增长带来了巨大的贡献，其中国业务增幅达到了 9%，并且仅 6 月一个月内，就为可口可乐带来高于去年同期 10% 的增幅。可口可乐的文字大战再一次大获全胜。

可口可乐瓶身换装换到根本停不下来，在设计又到了更新换代的时候，2015 年第二季度，他们又推出了“台词瓶”（图 4-15），正戳追剧小伙伴的内心。经典台词数不胜数：“臣妾做不到啊”、“你是风儿我是沙”、“喜欢就是放肆，但爱就是克制”、“咱们结婚吧”等适用于各种场景的台词都被可口可乐印在了瓶子上。不过消费者习惯了套路后热情稍退，销售额也没有前两年的增幅大。有网友说：买到之前我其实没有留意，等喝了一口，拿到手中一看，不禁微微一笑。这就够了，不是吗？的确，这就够了，台词瓶的推出或许不是一次好的营销，但一定是一次成功的营销。

图 4-15　可口可乐台词瓶

连续三年在瓶身上印几个字、一句话就赚得盆满钵满。可口可乐独树一帜的瓶身换装营销不会停止，但“文字大战”事不过三，可口可乐已经表示以后将推出全新策划，文字大战到此结束。来源于生活的营销更加奠定了可口可乐的饮料霸主地位，不仅迎合社会大潮、抓住消费者心理，还懂得见好就收，品牌效应与出色营销手段相结合，大力拓宽了市场。对于电商来说，网络渠道更加广阔、花样更多，是不是应该细细思考一下，在行业活动主题固定的情况下如何“特立独行”？

4.1.4 【例】途胜SUV，《行尸走肉》特别版&66号公路

服装、零食等小件商品更便于推广，毕竟价格可以承受，即使质量或设计不合心意也方便退换。但家具、车子等大件商品在销售上就略有局限，虽然是刚需，但更新换代不频繁，并且价格昂贵且退换麻烦。所以这些经营大件商品的企业更应该在营销上加大力度。

用魅力征服不敢冒险又怕麻烦的消费者，在质量上下功夫是必要的，有时候还可以紧靠社会事件设计一些花样来吸引消费者。汽车品牌现代（图4-16）就在2014年搞了“幺蛾子”，发布了一款特别的、全新的SUV，但在说这个之前，要先了解一部美剧。

图4-16　现代汽车Logo

美剧是中国观众对美国电视剧的简称，美剧以其快节奏、多伏笔、场面精细、表演自然等高质量特点受到了全球观众的欢迎。电视剧《行尸走肉》

（*The Walking Dead*）（图 4-17）是美剧的优秀代表作。这是电视剧史上第一步真正的丧尸电视剧，重口味和跌宕起伏的剧情吸引了一大批“死忠粉”。

图 4-17　《行尸走肉》海报

好评如潮。此剧从 2011 年播出至 2016 年已有六季，收视率逐年攀升，第七季也拿下了电视台的预订，6 年来“丧尸”潮丝毫未减。原著漫画也是人气居高不下，广受读者欢迎。

既然提到了《行尸走肉》，大家也应该意识到了现代汽车一定是和《行尸走肉》进行了某种合作。的确如此，现代公司应该是《行尸走肉》的“脑残粉”，从赞助到宣传都力挺这部电视剧。现代汽车几乎是《行尸走肉》的御用品牌，电视剧中角色的座驾大多是现代汽车（图 4-18）。现代没有浪费这个营销机会，毫不手软地与《行尸走肉》展开了更深一步的合作，搭上了热播剧集的东风。

在 2014 年 6 月，现代汽车发布了途胜 SUV“行尸走肉”特别版车型 IX35 的官方图片，也是剧中主角的座驾型号。这款新车正是为《行尸走肉》的铁杆粉丝们特别推出的。从官方宣传图中可看到，与途胜 IX35 基本款的外观设计相比，“行尸走肉”特别版的前进气格栅的装饰面板经过了重新设计，同时整体以哑光黑色涂装，油箱盖上和侧面有红色的血手印，是《行尸走肉》的标志。

图 4-18 《行尸走肉》中的现代汽车

汽车尾部右侧贴有“The Walking Dead”的铭牌（图 4-19），以证明其特别版身份。

图 4-19 特别版的车尾铭牌

在内部装饰上，“行尸走肉”特别版的整体依然以黑色为主，中控台下方、车门把手处均设有《行尸走肉》的漫画元素，还配有专属主题脚垫。有趣的是，该款汽车后备厢里还为粉丝们准备了漫画中的生存背包，其中包括手套、常用药、急救用品、夜光棒以及工具等。

这些专门应对僵尸来袭的逃难工具，脑洞之大让人忍俊不禁，更让粉丝有了代入感，似乎身边马上就要有大波僵尸出现。现代汽车不仅推出了《行尸走肉》的周边，还打起了情怀牌。《行尸走肉》第一幕是在美国著名的 66 号公路（Route66）拍摄的，这可不是一条随处可见的普通公路。66 号公路全长 2448 英里（约 3939 公里），呈对角线从芝加哥横贯到加州圣塔蒙尼卡。66 号公路在美国人心中地位甚高，被称为“母亲之路”。

研究 66 号公路 60 多年的学者迈克尔 · 华利斯说 ：“66 号公路之于美利坚民族，好比一面明镜；它象征着伟大的美国人民一路走来的艰辛历程。”现代推出行尸走肉定制版途胜 SUV，宣传的方式就是重走 66 号公路，直戳热爱《行尸走肉》的粉丝内心（图 4-20）。

图 4-20　66 号公路

影视剧何尝不是一个事件？收视率和票房越高，影视剧影响力越大，受众越广泛，商家与电视剧联手攻占市场是一个明智之举。至于采用什么方法，推出什么产品，自然要和电视剧以及企业气质吻合，推出能从兴趣和质量两方面都吸引消费者的产品，切忌华而不实。

4.2 “撩粉”套路：娱乐背后还有情怀

开放性网络社交平台的快速发展带来了一个全民娱乐的网络社会，连带着真实社会也娱乐至上，少了一丝沉稳气质。各类电商企业顺应网络大潮，主打娱乐式的营销手段，与消费者嘻嘻哈哈地打成一片。事实证明娱乐性营销效果显著，企业和消费者都乐此不疲。其实企业营销的套路可不止这么简单，消费者心甘情愿购买产品的背后不只有娱乐，还有情怀。越来越多的企业抓准了消费者感性的购物思想，逐渐将玩够了的娱乐营销转为情怀营销。

情怀营销是从消费者的情感需要出发，唤起消费者情感需求和心灵上的共鸣，寓情感于营销之中，让有情的营销赢得无情的竞争，以柔克刚。厌倦了嘻哈吵闹营销的消费者在生活水平提高后购买商品所看重的已不是商品数量的多少、质量好坏以及价钱的高低，而是为了一种感情上的满足和心理上的认同。情怀营销的著名案例很多，前有罗永浩念念不忘的工匠精神，后有《大鱼海棠》十二年磨一剑的坚持不懈，对于他们的粉丝来说，金钱无关紧要，唯心而已。

4.2.1 【例】我为家乡代言，广西打造县域电商网红

站在风口上，网红经济的发展速度一日千里成为新的时代潮流，主角网红成为主流的正当职业，与电商联手后更是一发不可收拾。网红电商的席卷态势不仅让经济界的大佬们措手不及，还让官方人物认识到了经济摧枯拉朽的转型升级对整体社会产生的巨大影响。为了让所辖区域发展壮大，政府开始打起网红电商的主意，这不，广西政府抢先一步展开了与网红的官方合作。

2016 年 6 月 18 日下午，广西首届网红大会在南宁召开。在大会中，邀请了行业嘉宾对网红经济的前景进行了商业分析，对其未来的发展模式进行了探讨。这标志着广西已经正式开始网红经济的官方商业开发，并开始制定网红电商行业的标准和规范。

不久后，广西电子商务创业大赛“我为家乡代言”活动（图 4-21）正式启动。“我为家乡代言”活动由自治区党委组织部、非公经济组织和社会组织党工委联合自治区商务厅、教育厅、扶贫办、广西电视台联合举办，是“党旗领航·电商扶贫”行动促进电子商务发展进农村、推进大众创业万众创新的新举措。启动仪式发布了著名主持人欧阳夏丹出镜邀约各方才俊为家乡代言的宣传片。

图 4-21　“我为家乡代言”活动

“我为家乡代言”活动从 2016 年 7 月启动，到 2016 年 11 月底结束。活动包括遴选承办县（市）、选定“一县一品”、招募培训代言人和创业团队、组织“电商大集”开展营销实战、举行广西十佳电商代言人决赛等活动。活动组委会充分发挥各地行业协会商会、龙头企业（合作社）、在校大学生、贫困村第一书记、大学生村官、返乡创业农民等各方面的积极性和创造性。

此外，活动还对县域发展进行立体宣传，对农村电商创业团队进行跟踪辅导，对地方特色物产和历史文化民俗资源进行全网促销，对县域电商产业系统进行优化升级。

怎么样？网红的新闻用官方语气报导出来是不是有那么一丝违和感？虽说别扭，但政府与网红联手的积极意义不可忽视，不但表明网红经济的火爆和不可逆性，更体现出官方机构对曾经非主流的网红经济的认同，对网红经济进一步创新发展具有推动作用。在官方的带领下，网红不再只是出于个人利益，而是家乡甚至国家的利益，有利于扭转如今网红经济金钱至上的不正之风。

4.2.2 【例】长沙万达文华，思聪一骂意外走红

2015年度网红第一名不是美女店主，不是网络主播，也不是段子手，而是最著名的“富二代”——“国民老公”王思聪。思聪展现给公众的形象其实很多元，既是风流不羁的纨绔子弟，又是热爱电子竞技的网瘾少年，还是投资准确的霸道总裁。但是大家会选择性地忽略他眼光独到的企业家形象，反而关注他绯闻层出、高调炫富的娱乐形象，因此思聪这个人颇具争议。

思聪被诟病的一点就是“一言不合就开骂”，他也算半只脚踏在娱乐圈，与明星大腕相交甚好，但是对那些风评不佳的艺人会毫不留情地炮轰揭发，言辞犀利，被网友称为“娱乐圈纪检委”（图4-22）、“王校长”。“骂骂更开心”，似乎已是思聪的默认形象。

图 4-22　“娱乐圈纪检委”思聪

不管思聪是纨绔子弟还是商业新贵，他有资本“任性”也是大家默认的事实。王思聪的父亲是万达集团（图 4-23）的 CEO 王健林。王思聪作为含着金汤匙出生的万达少东家与同龄人甚至前辈相比赢在了起跑线上，更别提人家其实确实能力出众，不然怎么能年纪轻轻就自建公司，红红火火地投资赢利？说回万达，每个省会可能都有不止一个万达广场，这些都是万达集团的产业。不止商业地产，高级酒店、文化旅游、连锁百货也是万达的核心产业，简直是无死角承包商业市场啊。

图 4-23　万达集团

网友都对公众人物的隐私生活格外感兴趣，对于王思聪也一样，他与万达集团日后的走向也是网友们喜闻乐见的话题。王思聪会不会继承王健林衣钵？他是不是没兴趣接管万达？网友们经常八卦这些没谱的问题。在大家正津津乐道之时，思聪先干了件出人意料的大事儿——他在公开的微博平台上狠狠地骂了自家的酒店。一言不合就开骂，就算是自家的酒店也不例外。

“国民老公”王思聪一直是这样的耿直，2016 年 7 月 3 日凌晨 2 点 30 分左右，王思聪发微博手撕万达旗下酒店之一——长沙万达文华酒店（图 4-24）。对于自家的产业，一般人再不满意都会护短，可是思聪显然不是一般人，画风清奇的他是护短界的一股清流，对自家产业照骂不误。气头上的王思聪没人拦得住，但是作为企业新贵他终究还是冷静了下来，删除了这条微博。

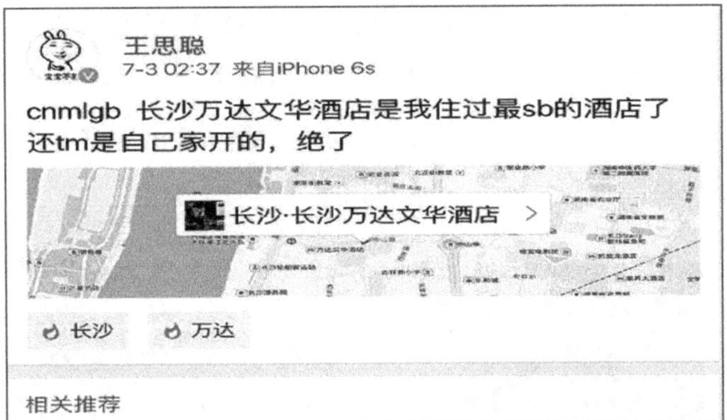

图 4-24　王思聪连自家酒店也不放过

可神通广大的网友没让这件事那么快翻篇儿，感谢智能手机的截屏功能，第二天一早所有睡醒了的网友都知道了王思聪半夜发微博大骂万达酒店的“壮举”。网友向来喜欢调侃王思聪，这次也不例外，众多神评论让人捧腹大笑（图 4-25）。“没厕纸”等网友脑补的原因自然是搞笑说法。据微博网友透露，王思聪这回暴怒可能是由于长沙万达文华酒店泄漏了他的开房信息。

图 4-25　网友神评论

王思聪在前一天到达长沙录制他投资的节目《Hello！女神》，当晚下榻位于长沙开福区万达广场的万达文华酒店，入住后竟有手机拍摄的私人入住信息在网络上流出。

其实万达文华酒店还真不差，按照超五星级标准建造，坐落在湘江河畔。事出总有因，网络可信度不高，因此有记者就此事联系到长沙万达文华酒店的负责人，对方也表示一头雾水：“可能公子哥就是想娱乐一下。”脏字儿都上了还娱乐一下？虽然思聪发完微博 2 小时后就把这条信息删除了，但少东家这一开骂，让长沙万达文华酒店做了火箭似的登上了热搜榜。

有网友再脑补：“这是不是打了一手好广告？”骂一骂就能上热搜，能让无数网友记住长沙万达文华酒店，听起来好像利大于弊？也难怪网友这么想，王思聪懂得迎合多数人的趣味，且深谙传播之道，真性情、接地气、段子手、炮轰名人、“逗逼卖萌”，思聪几乎全都能做到，可见除了性格本身的推动，王思聪确实对网红经济有明确的认知。事实究竟是怎样并不重要，不管是有意还是无意，这对于长沙万达文华酒店（图 4-26）来说，一次突如其来的营销已经成功了。

图 4-26　长沙万达文华酒店

王思聪是网红界的一股清流，大家对思聪的调侃“情怀”是情怀营销中的泥石流。思聪只有一位，他的走红很冒险，但也很成功。不知道以后，思聪还会有什么“撩粉”大招？

4.2.3 【例】*Pokémon Go*，网红皮卡丘风靡全世界

2016 年，一款手机游戏横空出世，不仅 APP 下载量奇高，还造成了“万人满巷”的壮观场面。这个游戏就是 *Pokémon Go*（中文名《精灵宝可梦 Go》）（图 4-27）。不同的人看这个游戏有不同的意义，有的人认为这是一款平淡无奇的手游，而对有的人来说：“这就是童年！”

图 4-27　*Pokémon Go*

Pokémon Go 是一款宠物养成对战类角色扮演手游，由任天堂、Pokémon 和谷歌 Niantic Labs 公司联合制作开发的 AR（Augmented Reality，增强现实技术）。该作于 2016 年 7 月 7 日在澳大利亚新西兰区域首发，登录 Android 和 iOS 平台，首发于 App Store 和 Google Play。

至 2016 年 8 月 7 日，亚洲地区只有日本以及中国的香港、台湾地区正式开放此款游戏，大陆玩家无缘。玩家可以通过智能手机在现实世界里发现精灵，进行抓捕和战斗。玩家作为精灵训练师抓到的精灵越多，就会变得越强大，从而有机会抓到更强大更稀有的精灵。现实与虚拟结合。

如果有那个童年记忆的人在了解游戏内容后就应该明白了为什么这款游戏风靡全球。没错，*Pokémon Go* 是由日本任天堂公司开发的掌机游戏系列《口袋妖怪》和据此改编的热门动画《神奇宝贝》（又译《宠物小精灵》）衍生而来的。《神奇宝贝》是许多 90 后的童年动画之一，多少“熊孩子”那时候憧憬拥有一个神奇宝贝球？多少人想要神奇宝贝和自己并肩作战？*Pokémon Go* 实现了这些已经长大了的熊孩子的愿望，给了他们一个既虚拟又现实的神奇宝贝世界。

《精灵宝可梦 Go》于 2016 年 7 月首发，8 月 17 日就获得了五项吉尼斯世界纪录认证，被认定为“上线一个月以来收益最多的手游”、“最快取得 1 亿美元收益的手游（20 天）”、“上线一个月后下载次数破亿（约 1 亿 3 千万次）”、“上线一个月后在最多国家下载次数排行第一（约 70 个国家）”、“上线一个月后的收益额在最多国家排行第一（约 55 个国家）”。

不管大家是否了解《神奇宝贝》，*Pokémon Go* 操作简捷方便，任何人都能上手，把虚拟和现实结合在一起，实现了 AR 功能，让小精灵和现实实景结合在一起（图 4-28）。捕捉的过程也是惊喜万分，精灵出现在范围内的震动也让人浑身一震，兴奋不已。

图 4-28　采用 AR 技术的 *Pokémon Go*

听起来“萌萌哒”？不，这是个相当可怕的游戏。因为人气太高，抓小精灵时人群聚集已经造成了多地交通瘫痪。8 月 23 日，在台湾温泉路有神奇宝贝“暴鲤龙”现身，粉丝们为抓捕不分日夜涌入上万人潮，除了住户头痛，行人也无可奈何，一步也挪不动（图 4-29）。

一名网友晒出照片，称开车行经此地，但车子却受困在人潮中动弹不得，按喇叭还反被来抓捕小精灵的“训练师”们白眼，只好报警处理。照片中，温泉路像挤得满满当当的沙丁鱼罐头，每个人都在低头看手机，可怜的司机“进得来出不去”，只能在车中苦等。网友看了也直呼：“这真的太夸张了吧！”“已经是扰民了……”大陆网友感叹：“大陆不上线这款游戏是好还是不好呢？”

图 4-29　台湾温泉路为了抓小精灵聚集的人群

其中有一只精灵最为出名，就是萌萌的皮卡丘。有人会问：一个虚拟的动漫形象能有多大影响力？别小看皮卡丘，它甚至比流行的动漫人物形象还要受欢迎。在 1999 年，皮卡丘被《时代》杂志评选为年度第二大最有影响力人物，称它为“继 Hello Kitty 之后最受人喜爱的动画角色”。在 2000 年，据 Animax（日本动画播放频道）的调查，皮卡丘被选为第八名受欢迎的动漫角色。在 2003 年，《福布斯》以 8 亿美元的收入将皮卡丘（图 4-30）列为年度最挣钱的虚拟角色，位列第八。

图 4-30　《神奇宝贝》中皮卡丘形象

在 2008 年，日本公信榜发起投票，皮卡丘成为第四名受欢迎的日本电视游戏角色。在 2014 年，皮卡丘被选为巴西世界杯日本官方吉祥物。十余年来，皮卡丘牢牢地扛着动漫界的大旗，宝刀不老。不是主角的小精灵都能造成交通瘫痪，皮卡丘更是受到欢迎，并且出现的几率很小，要靠粉丝充值才能提高出现几率。于是网上出现了铺天盖地的抓皮卡丘教程，有玩家抓到皮卡丘之后都会感叹："终于抓住了（图 4-31）！"光凭皮卡丘一个角色，*Pokémon Go* 就会吸引万千粉丝，更何况全体都有呢？

《神奇宝贝》的网红标杆皮卡丘带领着其他小精灵走遍了世界。不得不说 *Pokémon Go* 将情怀与现实融合得恰到好处，既没有空打感情牌，也没有单打技术牌，而是将两个效果普通的武器结合在一起炼成大杀器。如今虽然热潮已过，但 *Pokémon Go* 依然是游戏 APP 下载榜上的前几名，情怀这种奇妙的感情可不是像龙卷风那样来得快去得也快，情怀如钻石，一颗永流传。

图 4-31　在 *Pokémon Go* 中抓皮卡丘

4.2.4 【例】《大鱼海棠》，最是那一片密密麻麻的众筹名单

外国人有情怀，中国人也有。巍巍中华上下五千年，情义千秋，快速机械的网络科技也无法消磨国人内心丰富的情感。情怀营销在当今的中国还是很有出路的。在 2016 年一部国产动画电影的上映引起了争议，这部电影票房丰收全得益于情怀营销，而在同时，它也放大了情怀营销的缺点，颠覆了情怀营销在人们心理的正面作用，让消费者们开始反思：情怀，究竟是真情还是噱头？

这部电影就是在 2016 年 7 月 8 日上映的《大鱼海棠》，号称是“赴十二年之约”的“最好的”国产动画电影。电影创意取自庄子的《逍遥游》，讲述了掌管海棠花生长的少女“椿”为报恩而努力复活人类男孩“鲲”的灵魂，在天神“湫”的帮助下与命运斗争的故事。在 2004 年这部动画就已萌芽，却由于国产动画电影不受重视，这部电影经历了融资难、技术难，长期难产，上映日一拖再拖，十二年后的 2016 年方才完整地出生。《大鱼海棠》（图 4-32）档期确定令十二年来一路相随的粉丝们激动不已，首映票一抢而空，甚至好评如潮都可以想象得到了。

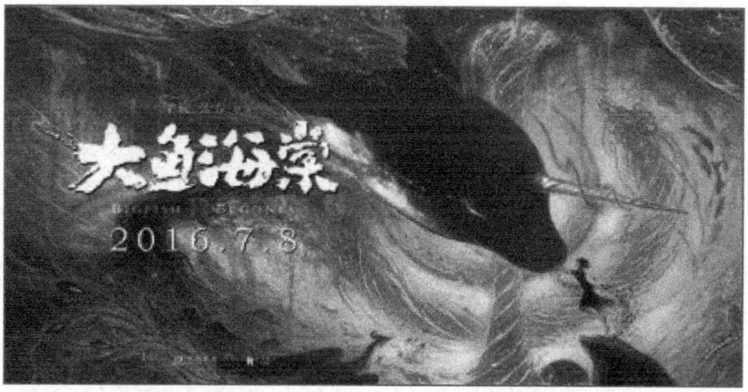

图 4-32 《大鱼海棠》

然而在电影上映后，观众对它的评价却出现了令人意想不到的反转，负面评论甚嚣尘上，正面评价少之又少。上映期间口碑一路下滑，豆瓣上的评分从超过 8 分的高分跌至 6.6 分。一时间观众怨气冲天："就当钱喂狗了吧。"《大鱼海棠》怎么了？

客观来说，《大鱼海棠》达不到之前号称的"最好的国产动画电影"，可也绝不是烂片。观看《大鱼海棠》是一场视觉和听觉盛宴，画面随便截一帧都可作为壁纸；音乐婉转悠扬，插入得恰到好处；人物设定取自《山海经》和《庄子》，角色名字诗意无穷：琨、椿、湫、赤松子、后土……

可惜这部电影没有逃过大部分国产电影的通病——剧情非常薄弱。剧情薄弱不要紧，《大鱼海棠》之所以被喷得这么惨，无非就是借梦想和情怀的名头吹嘘得太过了。带给观众的期待值越高，让人失望后得到的评价也就跌得越惨，"卖情怀却不值情怀"成影片口碑倒塌的主因（图 4-33）。

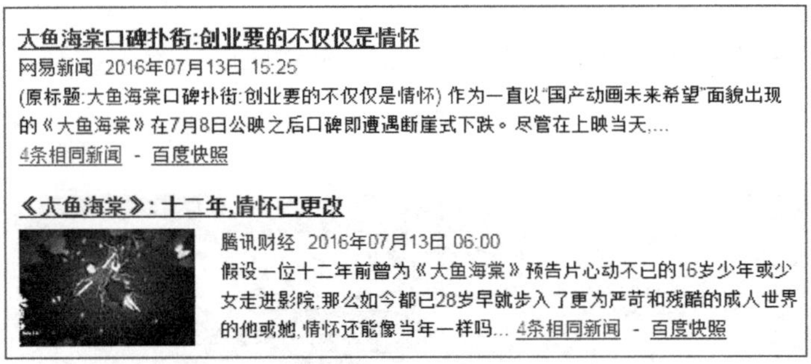
大鱼海棠口碑扑街:创业要的不仅仅是情怀
网易新闻 2016年07月13日 15:25
(原标题:大鱼海棠口碑扑街:创业要的不仅仅是情怀) 作为一直以"国产动画未来希望"面貌出现的《大鱼海棠》在7月8日公映之后口碑即遭遇断崖式下跌。尽管在上映当天,...
4条相同新闻 - 百度快照

《大鱼海棠》: 十二年,情怀已更改
腾讯财经 2016年07月13日 06:00
假设一位十二年前曾为《大鱼海棠》预告片心动不已的16岁少年或少女走进影院,那么如今都已28岁早就步入了更为严苛和残酷的成人世界的他或她,情怀还能像当年一样吗... 4条相同新闻 - 百度快照

图 4-33　观众质疑《大鱼海棠》的情怀

《大鱼海棠》真是成也情怀，败也情怀。主创人员没有欺骗观众，这部电影的确是情怀满满，十二年坚持不懈令人感动。2004 年导演梁旋和张春将梦里的一个想法做成了短片《大·海》，创立了彼岸天文化有限公司，希望聚集起一帮人把最初的梦做成电影（图 4-34）。

2008 年 6 月样片制作完毕，获得了海内外业界的一致好评，甚至被法国蓬皮杜当代艺术中心收录并赞誉为“最杰出的艺术品之一”。在专业方面得到赞誉却没能跨过商业的门槛，电影从 2010 年因后续资金未到位而无限期搁置。2013 年，两位不肯放弃梦想的导演还尝试在网上发起了众筹，4000 多人筹到 158 万元，最少的 10 元，最多的 50 万元，以 45 天里获得超过 158 万元资金支持创下中国众筹融资的纪录，但仍是杯水车薪，好在这次众筹引起了光线传媒总裁注意，在同年 11 月正式投资电影及彼岸天公司，使得影片制作重新走上了正轨，最终以 3000 万元人民币成本制作完毕。

图 4-34　《大・海》截图

在《大鱼海棠》的片尾，4000 多名众筹者的姓名密密麻麻地在银幕上出现（图 4-35），让所有人为之感慨。这是《大鱼海棠》打得最好的情怀牌，也确实是两位导演对所有众筹者雪中送炭的感谢。有不少众筹者虽然不满意这部电影的剧情，但仍然表示：“为了最后自己的名字也会去看。”所有的观众都敬佩主创们十多年来的坚持和对众筹者的尊重，但他们仍然反感宣传方过度的情怀营销。

图 4-35 《大鱼海棠》密密麻麻的众筹名单

官方团队多年的大力度宣传经营，多次跳票多次用情怀弥补，消磨了粉丝的耐心；明星大咖们的力挺，使得这部动画电影“质量奇高”的消息在社交网络上引发了大量传播，无限抬高观众的预期，带动庞大的潜在受众群体贡献票房，不明真相的“吃瓜群众”以为这是一部多么良心逆天神作，可当大家发现华丽的外表下故事的价值观让人质疑，产生的心理落差让观众愤怒。什么叫“最好的国产动画电影”？不能只有画面，还要有内涵，有正确的价值观，只有一面，未免太过薄弱。

《大鱼海棠》的票房最终达到 5.65 亿元，作为还在崛起的动画电影的代表作，它是成功的，但是与它口口声声宣扬的十二年情怀相比，它还差得很远。既然提出了情怀，就一定要用十二分的诚意满足情怀，即使是九分的诚意也不会令粉丝满意。情怀营销虽好，可不要贪杯哦！

4.2.5 触发共鸣——其实粉丝们想要的很简单

情怀营销之所以能成为一种成功的营销手段，是因为它唤起了消费者在情感上的共鸣。在艺术鉴赏中，鉴赏主体在审美直觉和审美体验的基础上，进而深深地被艺术作品所感动、所吸引，以至于达到忘我的境界，使鉴赏主题与艺术形象之间契合一致、物我同一、物我两忘，这就是共鸣。在消费过程中，如果产品能让消费者达到物我同一、物我两忘的效果，何愁产品卖不出去？

一般企业采用情怀营销也不会厚颜无耻地告诉消费者："我消费的就是你的情感啊！"但是有一位"奇葩"却直接承认了他在做情怀营销，这个人就是锤子科技（图 4-36）的创始人罗永浩。某次采访，记者问他："有人说罗永浩做手机是贩卖一种情怀，你怎么看这个观点？"

图 4-36　锤子科技

老罗大大方方地承认："完全同意，优秀的品牌都不是简单地贩卖东西的：苹果贩卖的是改变世界的创新精神和'非同凡想'，星巴克贩卖的是调性和'第三空间'，莱卡贩卖的是格调和传奇。没文化或缺少品牌能力的企业才会硬邦邦地论斤卖东西。锤子科技作为一个能输出价值观的企业，产品做得异常优秀出色的情况下，营销上贩卖情怀和理想主义是再自然不过的。"

老罗的情怀有两种，一种是扎根于内心的文艺清高，一种是对于手机制作的"工匠情怀"。老罗在做锤子手机之前也有一段艰苦的创业时期，还根据自己的经历写了《我的奋斗》一书。在 2012 年 4 月 8 日老罗宣布做智能手机，于是锤子手机诞生了。

从相貌上看，老罗是一个平凡至极的中年男子，脸上有胡茬儿，胖胖的，经常穿一件黑色中袖 T 恤。但其貌不扬的老罗内心却有一片高山流水的乌托邦。有人称他为“文艺中年”，还有人这么评价他：“像老罗这样的人，他们把经历视为宏大叙事中的片段，他们不是为了世俗意义上的成功、快乐而活着，而是把世界看成一部电影，只有当他们代表某些理想并参与到剧中的斗争时，方才觉得满足。”老罗这种理想主义自然吸引了很多文艺青年们为了理想努力打拼着。

在产品制作上，老罗推崇“工匠情怀”，这也是如今制造业呼唤回归的优秀精神。“工匠精神”这个想法，最早是在给公司设计 Logo 的时候提到的，Logo 上有一把锤子，代表的就是工匠（图 4-37），也可以用它来讲匠人精神的故事。老罗从心底里瞧不上现在手机行业的流氓竞争，认为质量才是硬道理。因此老罗非常反感“差不多就行了”、“认真你就输了”这样的生活态度，与团队在手机制造上斤斤计较，他们甚至可以为一个孔是该往前一点还是该往后一点争论不休。

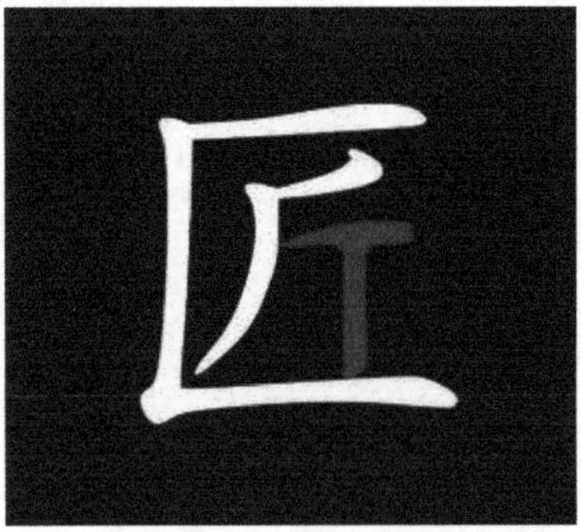

图 4-37　包含锤子手机 Logo 的“匠”字

就是这样追求完美的态度，让粉丝感受到了尊重，在“死忠粉”的道路上越走越远。可惜情怀总是要败给现实，锤子手机的销量十分尴尬。如今锤子手机已经发布了 T1 和 T2，T1 销量 20 多万台（图 4-38），T2 更是惨淡。在 T2 销售了一段时间后，老罗主动说：“到今天‘锤子’也没有卖得特别火，这是我需要经常整理总结和反思的”。

图 4-38　老罗公开 T1 手机销量

T2 手机发布会前，老罗说：“如果我们成功，很大程度上，这是正派、体面、原则性和理想主义的成功；因为价值观方面的原因，我们得到了太多不合一般商业逻辑的支持与帮助。如果我们失败，可以肯定，这是商业能力的不成熟，跟我们没有采取流氓手段没有丝毫关系，更谈不上理想主义和情怀的失败。当我们的商业能力和那些巨头没有多少差距时，理想主义将所向披靡”。

锤子手机 T3 在 2016 年 9 月发布，有不少媒体将 T3 评论为“罗永浩的背水一战”。的确，在市场前景冷淡与企业管理不成熟的双面夹击之下，老罗的处境岌岌可危。“通往成功的路上，风景差得只想让人说脏话，但创业者在意的是远方。”老罗的成就与情怀是分不开的。粉丝与艰难时期的老罗携手走过风雨几年，双方之间的关系紧密、平等，粉丝是老罗永远的后盾。

4.3 借力打力：网红电商就像打太极

借力打力是太极拳技法的重要原则，打来的力越大，对方自受危害也越大。电商江湖中虽然暗箭难防，但总归明枪易躲，学会借力打力能免去不必要的麻烦，节省时间去对付看不见的敌人。电商不仅可以借对手的压力和暗招来反击，更要强化“事件”的力量。

4.3.1 找好角度——观点合理免遭诟病

一般网红不敢轻易评价社会现象，既怕用力过猛触及底线，又怕不疼不痒无法吐槽到位。但是一旦评价得当，就会收获网友大量的褒奖：“这个网红三观正，有内涵！”试水评价社会事件的网红不在少数，得到的评价也多半是两极分化，没有人能完全获得好评。在这众多敢于剖析社会事件的网红当中，有一位虽然也存在争议，但难得好评占多数，他就是王尼玛（图 4-39）。

图 4-39　王尼玛

他的“暴走系列”有两个代表作，一个是《暴走漫画》（图 4-40），画风清奇却具有迷之吸引力，尤其是衍生出来的暴漫表情包流传于微博、微信等各个社交平台，广受年轻人喜爱；另一个代表作是《暴走大事件》（图 4-41），是集新闻、综艺等于一体的全方位脱口秀节目。

图 4-40 《暴走漫画》

图 4-41 《暴走大事件》

虽然王尼玛从来没有露过脸，但还是带着头套成了 2016 年首届“微博超级红人节”十大视频红人之一。两大热门项目让王尼玛成为微博网红“大V”，可他获得的是“十大视频红人”的奖项，说明《暴走大事件》才是王尼玛的第一武器。

网友习惯将王尼玛归类为段子手，因为他在《暴走大事件》中金句频出，“吐槽”得一针见血。其实与其称他为段子手，不如称他为社会责任网红，不止现在当红的娱乐话题，其他严肃话题，诸如理性爱国、儿童走失、保护动物等都可以成为他脱口秀的主题。王尼玛大胆地在《暴走大事件》中发表着自己关于社会困境的重重观点，引人深思。

《暴走大事件》至 2016 年已经出到了第四季，总计近 100 期，其中令网友印象最深的当属 2015 年播出的第三季 42 期。在视频接近尾声时，王尼玛为 80、90 后正名，一番慷慨激昂的言辞让无数网友“跪拜”在王尼玛的头套下。对于老一辈带有优越感的不客观批判，王尼玛这样说：

“一直以来总有人批评80后、90后如何思想堕落、如何离经叛道、如何地扶不起来，还有人说他们是道德毁掉的一代人，是垮掉的一代，我特别不理解。如果要给绝大多数80、90后一个整体印象，我可以这么说，他们是刚一就业就被延迟退休；干二十年都买不起房、结不起婚却每天努力工作的一代人；他们是吃着各种黑心食品长大却每天还在茁壮成长的一代人；他们是顶着恶劣的就业环境、自然环境，顶着高高的房价、住在北上广的出租屋里却没怨天尤人，每天还在追求自己的理想，追求自己想要生活的一代人。如果谁硬要说他们是垮掉的一代，那也是被现实压垮的（图4-42）。然而即使是跪着，前方的路他们也会走完。”

节目一经播出，王尼玛的热度飞蹿，无数有共鸣的年轻人疯狂转发视频截图和片段，大声说出80后、90后的积极向上，扭转这个社会对这个所谓“垮掉的一代”的偏见。关键词“80后”、“90后”、“垮掉的一代”还登上了微博热搜榜，年轻网友全体正名的坚决态度让所有人感慨。

图4-42　王尼玛为80后、90后正名

2016年5月30日，《暴走漫画》团队与深圳市关爱行动公益基金会正式签约，由其发起的关爱青少年健康成长的专项基金——“暴走行动”公益基金正式成立（图4-43）。该项基金针对青少年群体，通过助学、帮困和关爱青少年弱势群体，引导青少年健康成长。

图 4-43　暴走行动公益

4.3.2　出手要快——热点往往是来去匆匆

机会转瞬即逝，对于狼多肉少的网红电商更是如此，所以抓住时机非常重要。有时候成功与否，差的就是时机。事件营销越来越受企业关注，影响广泛的事件人人都想握在手里，事件并不多，电商企业却有成千上万家，要怎么才能脱颖而出呢？保质保量，出手要快。

“快”体现在对新鲜事物的了解、对节日热点的关注和对流行趋势的掌握都要在同行之前。消费者总是对新鲜事物感兴趣，把握住这个特征而进行的营销往往会引起巨大的轰动。抓住社会上的热门事件、热门新闻，通过大众对社会热点的关注，引导读者对营销的关注。

事件热点大到全国两会、奥运会，小到社会上的花草树木、中秋节的贵族月饼等。营销应紧跟时代潮流，在网络时代里，每隔一段时间就会有一些流行词汇的出现，从“hold 住”、“你懂得”到“Duang~”，这些频率高的流行词汇，很容易抓住路人的眼球。

四年一次的奥运会算是大事件，每次奥运会都是各个行业的狂欢，无数企业摩拳擦掌迎接着难得的营销机会。久而久之，“奥运营销”（图 4-44）竟然也成了一种特定的营销手段。在奥运期间，企业将产品与体育结合，把体育文化与品牌文化相融合以形成特有的企业文化，采取一系列相关营销活动，从公益、文化、热点等各个角度，运用广告、促销、活动等多种手段，力争在一定的时间和空间内形成一个品牌的沟通高潮，产生轰动效应。有的企业是奥运会指定赞助商，兢兢业业地宣传奥运会并无不妥，可那些不是赞助商的企业也不会放过这块到嘴的大肥肉，全行业共同竞争。

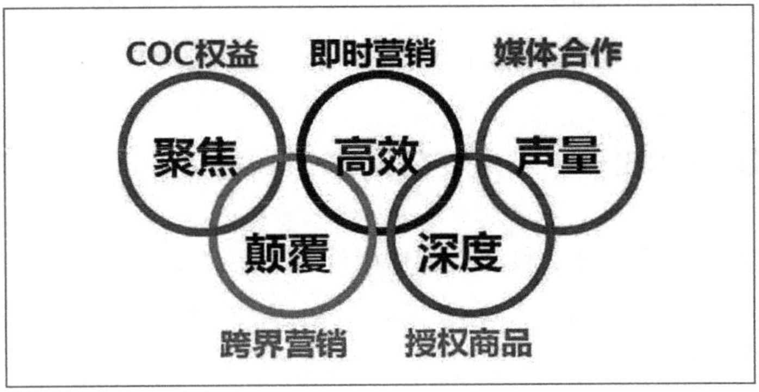

图 4-44　奥运营销

就拿最近的 2016 年里约奥运会中国企业的营销来说，各领域的商家好似集体打了过量的“鸡血”，拼命的态度让人“感动”。食品酒水、家电家具、服装美妆，甚至是汽车房产都打着奥运会的名头疯狂营销，淘宝、天猫、唯品会等各大购物网站也开始了“奥运季”。

营销界的老司机可口可乐依然走在奥运营销的前列。作为奥运会的官方赞助商之一，可口可乐早早就开始为奥运营销做准备，先是改变外观，为罐装可口可乐设计了新款式——金牌点赞瓶（图 4-45），耀眼的金色不仅闪瞎了可口可乐粉丝的眼，更晃花了那些期待中国健儿勇夺金牌的体育迷的眼。可口可乐充分利用了微博用户数量多、传播迅速的特点，发起了的话题“# 此刻是金 #”（图 4-46），表达出获得金牌的喜悦，也暗示了现在时代的最珍贵最美好，话题最终达到 9 亿阅读量，不仅得到了普通微博用户纷纷转发，还有众多参加奥运会的当红运动员转发，影响力巨大。

图 4-45　新装金牌点赞瓶

图 4-46　“此刻是金”

体育界盛会怎么能少得了体育品牌的营销呢？在里约奥运会期间，国产体育品牌 361° 领先一步，作为首个赞助大型的世界性运动会的中国体育品牌，不仅突显了中国运动品牌的企业实力，也让 361° 从民族品牌走向世界舞台。361° 与中国游泳队联手带来的经济效益不可估量，不管是在里约奥运会赛场上，还是在中国的微博中，中国游泳梦之队大出风头（图 4-47）。

图 4-47　361° 与中国游泳队联手

孙杨、宁泽涛、傅园慧、朱嘉余等优秀运动员都成了“网红”，高水平和“反差萌”受到了网友的热烈欢迎，粉丝快速增长，话题热度飙升，霸占了热搜榜。在出发之前，361° 还为游泳队拍摄了视频，打起了情感牌，深挖孙杨、宁泽涛等人背后的故事，激发用户的心理共鸣。

361° 大力支持国内运动员受到了一致好评，对外，作为奥运会赞助商，他们提供了所有奥运志愿者的服装（图 4-48）。只要镜头里有志愿者，就是 361° 的隐形广告时间。很多志愿者的手臂上还贴有“用热爱赞助热爱”和“多一度热爱”的中文纹身贴纸，这可是 361° 的口号。

新华社高度评价了 361° 在这次奥运会中的作用：“一座外国城市穿着中国服装，完成奥运会的服务运行工作，对中国体育产业而言无疑是又一次值得骄傲的突破。”

图 4-48　361° 的奥运志愿者服装

4.3.3　推广要柔——别把事件玩成硬广告【故宫淘宝】

善于运用大事件进行营销的企业有很多，大事件传播广泛、影响力强，稍微沾点儿光就可以提高经济效益。可是有这么一个网红，没有瞄准轰轰烈烈的大事件，而是时刻修改风格贴近网络大潮，并提取历史事件，将传统与新潮结合，成为一个文化网红。这个网红就是“故宫淘宝”。

故宫淘宝就是我们高大上的故宫博物院在淘宝开的网店，销售的产品与故宫内外的“故宫商店”基本一致，价格也是统一定价。故宫在 2010 年 10 月入驻淘宝是想通过电商的形式传播故宫文化，但最初两三年，网店没有摸准方向，产品销量一直不乐观。直到 2013 年招入一批创意人员之后，故宫淘宝才正式走入大众视野。现在故宫网店已经成为金牌商家，粉丝 53 万人，年入 10 亿元。

故宫淘宝店的网站非常精细。平常在购物网站浏览一会儿后就会觉得眼累心累钱包累，但浏览故宫淘宝店完全是美的体验，不管是页面设计还是产品图片都闪耀着优秀创意的光辉。如图 4-49 所示的故宫淘宝店的首页是魔性雍正，对着屏幕前的网友摆起了剪刀手，另一只手举着打开的扇子，上书："朕亦甚想你。"不知道这张图片被多少网友做成了搞笑表情包。

故宫应该庆幸在2013年招到了一批优秀的创意人员，他们不仅拯救了故宫淘宝店惨淡的前景，还为网红界提供了一种新的网红类型，从来没有哪个网红能将历史与现代结合得如此之好，创意精彩得令人拍案叫绝。故宫淘宝店的兴盛得益于"故宫淘宝"微博与微信公众号的出色经营。目前，"故宫淘宝"微博粉丝60多万人，微信公众号每发一篇文章阅读量也能轻易突破10万。

图4-49 故宫淘宝的魔性首页

北京故宫此举借鉴了台北故宫的经验。台北故宫曾在2014年推出一款爆红的名为"朕知道了"的纸胶带（图4-50），让热爱传统文化却无处下手的粉丝萌得两眼放光，购买此款纸胶带用来装老大，台北故宫更是被粉丝们称为"萌主"。大陆网友围观之余纷纷询问："北京故宫何时也能出周边产品呢？"于是在大家的呼唤下，重新出发的故宫淘宝来了，一个"有毒"的官博，带着一群"有毒"的设计师，推出了一堆"有毒"的产品，明明只是一家卖故宫周边产品的网店，却偏把自己做成了网红！

图 4-50　台北故宫纸胶带

故宫淘宝店的微博与故宫博物院的官方微博同步更新，一个负责卖萌推广商品，一个负责正经科普知识。故宫淘宝官博曾经发布了一组颠覆性的历史人物图，恶搞得有格调有创意。图片中，李清照抛媚眼比剪刀手（图 4-51）；康熙戴墨镜嘴叼玫瑰花；道光帝摆出奥特曼打小怪兽的经典姿势，还发射了一道“爱的光束”；满屏的咸丰皇帝排成弧形举手打招呼，张张都魔性得很！

图 4-51　故宫淘宝设计的李清照形象

故宫淘宝发微博说：“我们疯了一个设计师。”而网友调侃道：“只是疯了一个设计师吗？”还有网友说：“死了的人活了，活着的人疯了。”故宫淘宝官博和网友们一唱一和让传统文化在不知不觉中进入大家心中，以前看着古人的画像有几个人能够准确地说出名字？

2016年年初，故宫淘宝竟然在微博上和海尔冰箱结成了一对！怎么回事呢？有粉丝建议做款“冷宫”的冰箱贴，“公公”（网友为故宫淘宝起的昵称）非常骄傲，发微博秀粉丝的“脑洞”，“暗戳戳”地表扬粉丝。然而粉丝不止有“脑洞”，他们还能牵线做红娘。

微博发出后有一位粉丝立刻@海尔求合作，出一款外观是冷宫宫殿的冰箱。一开始其他粉丝虽然喜闻乐见但也没当回事，海尔的官博又十分高冷，只回复一句：“容我考虑一下。”万万没想到，两天后海尔官博做出回应，真的贴出了两款“冷宫”冰箱的设计图（图4-52），并@故宫淘宝说：“公公，敢不敢玩真的？”公公回复说：“玩？少年怕你受伤。”海尔再回：“玩？什么？我能受伤？”到这里网友们也兴奋了，敢情两家合作已经达成了！最终，海尔真的推出了限量版“冷宫”冰箱。

图4-52　故宫淘宝&海尔“冷宫”冰箱

故宫淘宝店不止产品设计精美，文案也是一绝。2015 年 10 月 30 日，其淘宝官方微博发布《够了！朕想静静》的文章，以极具幽默调侃的语气介绍了崇祯皇帝朱由检的一生——“一个悲伤逆流成河的运气不太好的皇帝的故事”。开篇就上大招，原本在画像中正襟危坐的崇祯皇帝画风突变，左手扶额头，右手摆手做发愁状。接着，竟然有朱由检的身份证（图 4-53）。

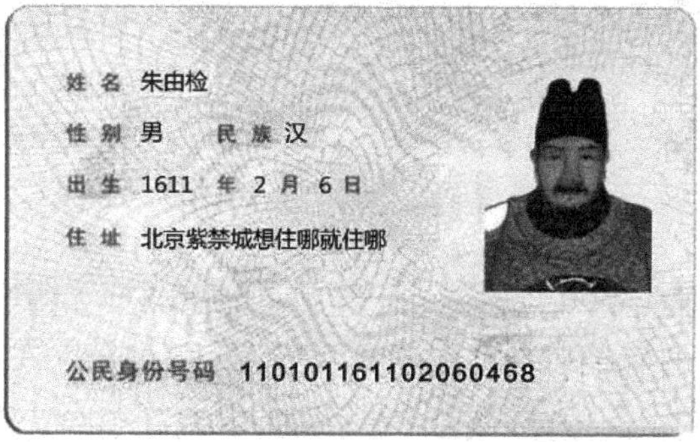

图 4-53　崇祯皇帝的身份证

其身份证上，住址一栏任性地写着“北京紫禁城想住哪就住哪”，让人忍俊不禁。搞笑的文风搭配各种搞笑表情图，故宫淘宝完整地讲述了崇祯帝从登基到自缢的一生。如果你认为这只是一个普通的皇帝生平科普文就大错特错了！一切都是套路，崇祯帝的故事只是个铺垫，故宫淘宝店真正的目的是推销“新年转运必买的 2016 故宫福筒”。什么叫高手？高，实在是高！

不仅有实体产品，还玩起了科技。2014 年 10 月推出了儿童 APP“皇帝的一天”（图 4-54），它虚拟了一个故事：少年皇帝想要出宫，于是乾清门外的小狮子帮忙为皇帝找宫内的替身。从早晨 5 点起床穿衣开始，读书、骑射、上朝、用膳，小玩家就这样“当起了皇帝”。

图 4-54 皇帝的一天 APP

我们要感谢故宫和故宫淘宝店，如果没有故宫淘宝这样的团队在努力，被网络文化影响的年轻一代可能早就遗忘了沉闷的故宫和厚重的历史，传统文化的爱好者也很难接受购买这些“奇葩”的周边商品。在传统媒体时代，谁也想不到庄重的故宫如此接地气。

想要运用现代事件进行营销尚且不易，故宫能将古今结合得如此和谐更是令人赞叹。故宫淘宝的软广手段值得所有电商学习，如何根据网络潮流设计产品，如何写出逸趣横生的文案，又如何将产品推销到消费者的心里，这些经验，故宫淘宝都可以给你。

4.3.4 下盘要稳——站得越高越要谨防“摔跤”【淘宝假货】

成功不易，一个企业从山脚爬到顶峰不易，在山顶站稳更是不易。古人说：“高处不胜寒。”站得越高，越要谨防摔跤。成为巅峰的企业一定财大气粗、好评无数，但长久的褒奖难免会让它们飘然自得，失去本心，这是人之常情。“千里之堤，毁于蚁穴”，对于各行各业的龙头企业来说，一定要及时解决潜在问题，去除隐患，千万不要坐等问题放大，造成难以挽回的质变。

大家都爱的购物第一平台淘宝就受到了负面问题的影响。自 2003 年阿里巴巴集团斥资 4.5 亿元创建淘宝网开始，今日的淘宝网已经成长为中国最大的 C2C（Customer to Customer）平台。淘宝网无疑是相当成功的，然而由于信用制度的缺失，人与人之间诚信建设的错位，导致淘宝网从成立的第一天起就有着先天性的隐痛，这就是颇具争议的假货和山寨问题。对此阿里巴巴集团的 CEO 马云也喊冤："我很冤枉，淘宝不生产假货，是社会上生产假货在淘宝上容易被发现而已，我没有办法把这个假货打掉，因为我不是执法机构，我没有办法把他关到监狱里。"实际上，阿里巴巴对假货的监管力度很大。2015 年阿里巴巴删除了 1.2 亿条涉假商品的链接。阿里防控系统实时分析数据的速度已达每秒 1 亿次。阿里治理假货的负责人说："我们必须做大量关键词，像吸铁石一样去抓取涉假信息，然后拦截它。"

为此，阿里搭建了上百个系统模型，根据关键词、图片、语义等维度，从商品上架到买家收货进行全链条监控、分析、抓取，这一过程会对信息流、行为流、资金流、交易流、物流等各个环节进行分析。在网络世界，利用大数据打假无疑是最高效的方法，但是假货依然无穷无尽。只要那些独立的网络店铺没有不应上架假货的自觉，那就很难办了。

即使不能根除，阿里巴巴也一直在打假。

"这是一场持久的战斗，而且没有任何捷径可走，因为这是和人性的贪婪做斗争。跟回避这个问题比起来，我更愿意讲真话。"马云说，"消灭阿里巴巴容易，消灭假货难。如果把天猫关了，把淘宝关了，中国从此无假货，那么简单的事我们马上就关。问题是关了没用。麻子照镜子，把镜子摔了，麻子一样还在脸上。互联网就是中国社会的镜子，淘宝就是中国制造的镜子。"

淘宝因为假货问题狠狠地摔了一跤，这一跤是为所有购物平台摔的，不止是阿里巴巴有假货，各个购物平台都有假货存在，只不过淘宝作为老大被拎了出来才成为消费者群起而攻之的对象。这既点明了淘宝不可动摇的地位，又表现了龙头企业的风险与艰辛。电商企业竞争激烈，一定要树立榜样作用，巩固基础站稳脚跟，如果因为可解决却没重视的问题而一蹶不振就太不值得了。

第 5 章

团队，只靠个人难免江郎才尽

一个篱笆三个桩，一个好汉三个帮。个人能够取得暂时性的胜利，但取得持久的胜利还要靠团队。电商网红也是如此，即使网红靠单打独斗获得了起步的成功，为了日后的长久发展，多数网红还是会组建属于自己的团队。如今网络创意不断，一个人的思考难免会输给一队人的头脑风暴，更何况人多力量大，网红有什么理由不组建团队呢？

5.1 孵化网红——职业网红走向量产

收获千万元投资和广告招标的papi酱，传说中年入1.5亿元的雪梨，三天即可完成实体店一年销量的张大奕……标杆网红所创造的神话让所有人眼红。这些网红们看起来轻松极了，给大家造成了一个假象：只要颜值在，金钱流水来。无数渴望名利双收的少男少女蜂拥而上，志在成为下一个papi酱、下一个雪梨、下一个张大奕。有人从这种现象里发现了商机，于是网红孵化器产生了。

网红孵化器包括网红商学院、网红经纪公司和直播平台。这些平台寻找合适的网红签约，组织专业团队维护网红的社交账号，定期更新吸引粉丝注意的内容以及保持与粉丝互动的黏性，在种种运作下使网红能够吸引粉丝点击相关店铺链接或者关注网红推广的产品，网红进入了量产时代。

5.1.1 链式产业——网红称为台前的专业“演员”

由于网红平民化、廉价以及精准营销的特点，其商业价值正在被逐渐挖掘，完整的网红经济产业链也逐渐形成（图5-1），“网红经济会变得越来越规范”是大家达成的共识。在网红经济产业链中，主要的成员包括小型社交平台、综合社交平台、网红、网红经纪公司、电商平台以及为网红提供产品的供应链平台或品牌商。网红已经不是独立的个体，而是产业链中重要的一环。

在网红经济产业链中，网红在台前貌美如花，公司在幕后赚钱养家。在整个产业链中，小社交平台由于其在某领域的专业性，往往会有部分在该领域有特殊才能的网友，在互动的过程中逐渐受到其他兴趣相同网友的关注。随着关注人数的逐渐增多，该具有特长的网友逐渐成为抛头露面的小型网红。由于网红讲究时尚性和独特性，往往想要寻找到能够灵活应对下游消费者需求，做到随时生产、随时发货的供应商。这时部分品牌上市公司也想借助已有的供应链体系参与其中，利用其供应链组织生产能力为网红对接供应链渠道，将其在网上宣传的产品进行实体生产。

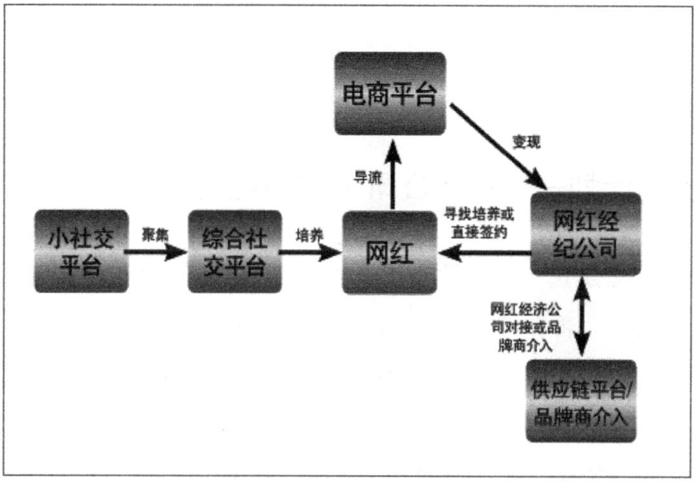

图 5-1　网红经济产业链

提到网红产业链，不得不提到网红变现的电商鼻祖——杭州如涵贸易有限公司。上面提到的 2015 年淘宝 C 类女装店铺第二名的店长张大奕就是如涵旗下的“扛把子”。与专注对微博现有网红的淘宝店铺的管理、提供高效的供应链服务的电商平台相比，如涵通过更多元化的手段，将广告营销、内容策划、风格塑造等相结合，为网红打造出独特的电商运营模式（图5-2）。同时通过供应链完全系统化整合资源，在交易平台上实现网红价值变现和粉丝消费的循环模式。特定的网红运营模式与市场一拍即合，成功推出了像张大奕一样影响力巨大的网红。怎么样？如此专业的网红包装是不是很让人心动？

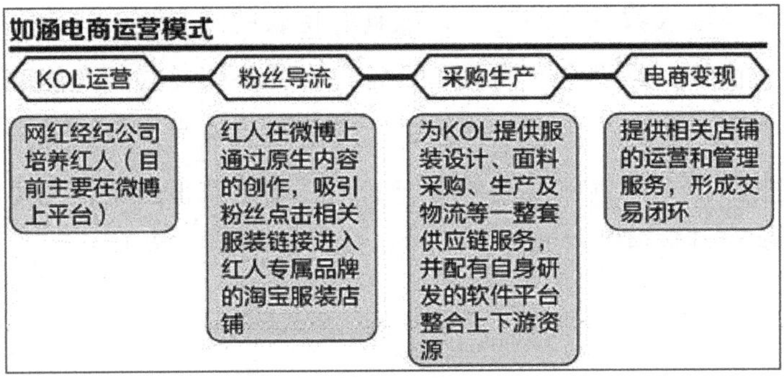

图 5-2　如涵电商运营模式

5.1.2　招商计划——网红公司 + 传统电商

传统电商经历了十几年的发展、跃进，伴随着互联网、移动互联网等各项功能设施的完善，终于成为当下不可忽视的一股强劲力量。且不论阿里万达的对赌结局如何，也不问小米格力的比较孰强孰弱，可以看见的现实是，O2O 也好、全渠道也罢，所有热词效应背后的作用是企业对于资源、渠道、供应链等各方面的笼络和协同正在开始释放潜能，没有永远的朋友，也没有永远的敌人。

商业面前，过往竞争对手之间的握手言和、把酒言欢已经见了太多，然后呢？新型电商路径正在逼近舞台的中心，传统电商依靠人口红利的时代已经过去，增长疲态渐显，而消费升级的必然趋势使得传统电商必须要改变了，一时间，所有的传统电商都在寻找网红经济下能够破局的新出路（图 5-3）。

在传统电商苦恼之时，网红电商的飞跃让它们急红了眼。对于电商来说，最重要的是流量。网红就是自带流量的人。繁星优选在 2013 年成立，当时微博已是国民社交平台，KOL、“大 V”已成群体。CEO 刘洋瞄准了这批人，试图将他们的流量转化为价值。他采取的模式是与“大 V”合资，共同经营一家电商公司。繁星优选负责货物、仓储、运输等环节，网红参与选品和活动策划，主要为电商导流。很多人并不知道，繁星优选就是众多名人电商背后的推手。

图 5-3　传统电商新出路在哪里

至今，繁星优选孵化了 12 个“大 V”电商，其中比较有名的，有五岳散人、急诊室女超人于莺、王小山等人。“我们会根据‘大 V’的气质来匹配产品”，刘洋举例说，“比如五岳散人是有名的公知，但同时又是一个资深吃货，所以挑选的产品，是进口红酒、腊肉、香肠、大米等”。

“五岳散人原来自己也做过电商，与我们合作后，流水有很大提升，第一个月产生 170 万元流水。而急诊室女超人于莺的粉丝更多的是妈妈，销售最多的是母婴产品，月流水 300 多万元。”刘洋透露，“两年中合作的网红已覆盖 4500 万粉丝，电商总流水达 1.6 亿元”。

与传统电商相比，网红电商优势明显（图 5-4）。网红的出现其实改善了目前供应链效率较低以及客户精准营销的局面。从供应链端，网红作为意见领袖买手制造导购渠道，通过将其自身对时尚潮流的高敏感度对接供应链厂商，向粉丝主动推荐经过筛选的服装款式，提高了供应链生产效率，缓解了库存高、资金周转慢等困境。网红这种借助社交平台海量流量宣传产品的精准营销模式，解决了品牌商推广产品效率低下的问题，也有望帮助移动社交电商完成又一次交易场所转移。

图 5-4　网红电商 VS 传统电商

传统电商为了转型不妨与网红公司联手，网红公司也不妨与具有潜力的传统电商合作打破网红经济的红海。抛出招商计划吧！若是找到了合适的搭档呢？

5.1.3　规范培训——大数据分析打造“爱豆”

随着网红经济的深度发展，网红培训火爆。不断曝出收入神话让许多年轻人希望找到捷径。网上公布的一项最新调查数据显示，在 2016 届应届高校毕业生当中，有 54% 的毕业生将“最向往的新兴职业”投给了网红。

低门槛、高收入，让越来越多的人做起了发财梦。与此同时还有人根据年轻人的发财梦做起了发财生意，开办了前所未有的网红学院，为志在成为网红的人们进行规范培训。网红学院（图5-5）是什么？它难道能像普通学校一样促进网红德智体美劳全面发展吗？

图5-5　网红学院

发展得较好的网红学院都在利用网络大数据分析网红行业的前景和网红需要的必备素质。网络大数据是什么？现在的社会是一个高速发展的社会，科技发达，信息流通，人们之间的交流越来越密切，生活也越来越方便，大数据就是这个高科技时代的产物。马云曾在演讲提到，未来的时代将不是IT时代，而是DT（Data Technology）时代，DT就是数据科技，显然大数据对于网络社会来说举足轻重。大数据并不在"大"，而在于"有用"（图5-6）。价值含量、挖掘成本比数量更为重要。对于很多行业而言，如何利用这些大规模数据是赢得竞争的关键。

如果将网络大数据和网红培训联系起来呢？什么都逃不过大数据的手掌心。网红以往可以徒有脸孔却无内涵，她们的人气或许能让她们进入演艺圈，但没有才艺也不是长久之计。当有网红开始与大数据产生交集，不知不觉间，她们影响了消费者的生活品味，也一并带走了他们钱包里的钱！消费者有需求，网红有供应，"大数据＋网红"就这么顺理成章拉近了买卖双方的消费距离。

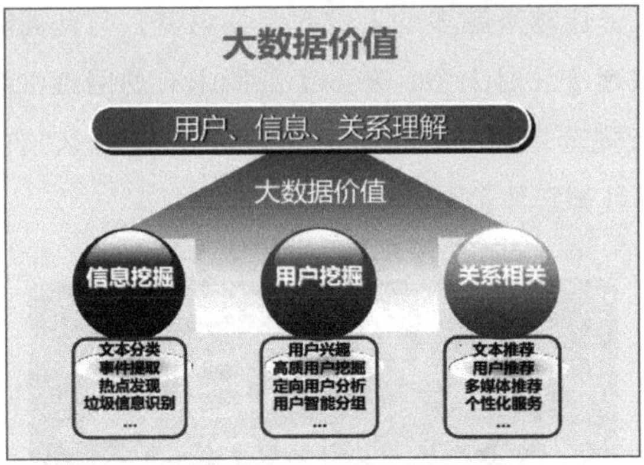

图 5-6 网络大数据的作用

2016 年年初，网红教父，著名明星化妆师侯东峰在北京开办了网红训练班（图 5-7）。侯东峰说，这个培训班应该更准确地定义为娱乐圈的出道培训班，因为网络已经成为娱乐圈的主要平台。他针对的都是高素质年轻人群，教授他们如何在互联网以及自媒体平台展示自己，辅以化妆、拍摄，以及唱歌、跳舞、主持等技巧，甚至还会提供一些资源。培训结束后，一批有知识有颜值的准网红就出世了。

图 5-7 网红培训班

对于网红培训来说，网络大数据可能过度注重了网红的共性，但这共性是网红的必备素质，在共性的基础上再做改进才能让网红显示出自己独特的魅力。大数据打造的“爱豆”（偶像）虽然相似，但有扎实的基础，练就了能在网红经济中摸爬滚打的身板，从而具有坚持下去的基本条件。

5.1.4 【例】六间房，直播平台“星计划”

2016 年是直播元年，在这一年里网络直播呈井喷态势，有很多普通人搭上了直播的顺风车迅速蹿红，如 papi 酱、谷大白话、谷阿莫等都是微博有名的原创视频网红。随着资本的介入，直播平台也开始做起了网红生意，他们不但签约知名网红提高自己的人气，还“暗戳戳”地培育新一代网红储备力量，为应对行业竞争做好了两手准备。直播平台“六间房”就是其中的代表。

六间房（6Rooms）（图 5-8）是一家新锐视频网站，与 YouTube 定位一样，六间房本身不提供视频内容，作为一个视频发布平台，上传的内容以用户原创为主，生活录像、才艺展示等都可以。六间房 2006 年正式上线，如今已是全球互联网 500 强、中国 20 强企业，也是国家文化部、国家广电总局、海淀区政府重点扶持的文化创意和高科技企业。在鼎盛时期，六间房日用户覆盖数可达 1000 万人，日独立 IP500 万，日页面浏览量为 7000 万。不得不承认，这个数据太惊人了。

图 5-8 六间房 Logo

拥有如此高流量的六间房自然要运用这个得天独厚的优势。“放声Show唱星计划”（图5-9）是由六间房打造的新生代超级主播甄选及培养计划，可以看作一次对网红养成的项目。活动邀请娱乐产业链全明星艺人导师鼎力加盟，通过线上甄选、全方位培训、业界大咖评委亲授指导，最终让主播获得发展演艺事业所需的各项专业技能。它的对主播技能培训堪比偶像练习生的培训难度。

图5-9　放声Show唱星计划

经过重重关卡，最终三位主播脱颖而出，获得与唱片公司签约的机会。只要有才华，有机会展示，有人喜欢，网红就成功了一半。“放声Show唱星计划”不仅是一个主播升级的过程，更是主播到明星的进化过程，当选秀造红模式大势已去，网红甄选将毫无悬念地替代选秀。而“星计划”专业的培训会帮助主播摆脱进军演艺圈的瓶颈，比选秀更加接地气，更具有全民参与的价值。

5.2　网红协约：网红界的“中国合伙人”

《中国合伙人》电影中三个草根各有本事，他们组成了一个团队，经历了无数困苦才将共同的事业发展壮大。网红单打独斗并非不可，但集体创业都会受到巨大的挫折，何况个人？papi 酱、天才小熊猫、回忆专用小马甲都先后成立了自己的团队，那些还在一个人奋斗的网红为何不找一个合伙人？合作无非就是一纸协约，没有什么好怕的！

5.2.1 【例】一个人玩不转，papi 酱开始招募团队

单打独斗的网红不少，凭一人之力风生水起的网红也不少。但如今的网红发展趋势是：单打独斗的网红必然会组建团队，利用团队的力量将自己推向更高峰。微博里几个活跃的“大 V”网红如 papi 酱、天才小熊猫、关爱八卦成长协会等，在走红之后都创建了自己的团队或签约平台，有默默无闻的背后推手。不是一个人的力量不够，而是由很多“一个人”组成的团队力量更强，能够让网红更进一步。

网红经济在未成熟之前，都是单打独斗，发现有利可图之后明智的网红们就会开始组建团队，用团队力量来推广个人。网红标杆 papi 酱在单打独斗几个月收获盛名之后还是组建了团队，与 Angelababy 的经纪人杨铭签约，有了专业的推广后台，papi 酱自己也仍掌握着大权（图 5-10）。

图 5-10　papitube

在 papi 酱广告贴位拍卖会现场，经纪人杨铭公开宣布了这个计划：把 papitube 做成开源平台，放开发布渠道，让更多创作者在这个已经成型的品牌里发布他们的内容与创意，实现自身价值。papi 酱在微博和微信公众号都发了招募视频（图 5-11）。

虽然是招聘广告，但它贯彻了 papi 酱的风格，并把大量诙谐的笑点暗藏其中。不到 16 个小时，这条微博收获 7 千多次转发、1.4 万条评论以及 8 万多个赞。其中有粉丝对 papitube 的招募给予肯定，认为 papi 酱："给了大家一个发展的平台。"更多的网友评论说："papi，我会画画你收不？""你们缺能吃的文案吗？"papitube 的招募异常火爆，不知道 papi 酱是否招到了满意的员工？

图 5-11　papi 酱的招募视频

有了团队之后 papi 酱的经营显得更加理智。原先 papi 酱的短视频中脏字较多，虽然这也是表达心情的一种有效方式，但仍旧被广电总局勒令整改。对 papi 酱的视频下架的决定一出，papi 酱本人和经纪人都有些傻眼，经纪人立马开车去 papi 酱家商量解决办法。最终根据团队的意见，papi 酱先发布了一条接受视频下架整改的简单文字说明，随后立刻着手修改自己即将发布的下一期短视频，去掉了所有的不文明字眼。如果是 papi 酱一个人还能这么处变不惊吗？未必。

5.2.2 【例】老少搭配，和 90 后打成一片的局座

网红可以依靠的合伙人不止一种。和专业的网红经纪公司合作是合伙，与经验丰富的经纪人共同建立团队也是合伙，无形之中拉拢意料之外的粉丝更是合伙。第 2 章提到了一个“有毒”的长辈——“战略忽悠局”局座张召忠（图 5-12），他本是我国军队的一名将军，却一不小心成了网红，又一个不小心拉拢了年轻观众，让半壁江山的网友都成了他的合伙人。

图 5-12　局座漫画形象

可别小瞧这些新生代合伙人的力量，就是他们让局座成为了 B 站站宠，也是他们让局座普及的军事知识得到了广泛传播。对于局座来说，结识这些年轻人也是幸事吧。

局座能吸引年轻观众必然是因为他本身就很“潮”。局座之潮一般人难以想象。大家能想象得到局座会代言网络游戏吗？由白俄罗斯战争游戏研发公司 Wargaming 出品，空中网在中国大陆运营的战争类游戏《战舰世界》（图 5-13）聘请了两个代言人，一个是韩国女团 T-ara，一个就是我们亲爱

的张召忠将军。两个代言人的风格天差地别，因此有很多人询问《战舰世界》的负责人：

“在选择代言人的时候，空中网是怎么考虑的？”

空中网负责人如此回答：“张召忠先生在泛军迷用户中拥有极高的影响力，他的加入将提高这类用户的关注度，张召忠先生海军少将的身份，诙谐的评论，对战舰和战役的熟知无疑成为《战舰世界》最好的军事顾问。”《战舰世界》一眼就瞄到了军事领域显眼的局座，不禁要给他们点三十二个赞！眼光毒得很！

图 5-13　《战舰世界》游戏

局座不但代言游戏，还玩起了游戏发布会的直播。虽然局座直播不止一次了，但以前只是正正经经地做节目，现在竟然开始推广游戏了。看直播前有许多粉丝给不太了解局座的观众们做了友情提示：“看直播时需关闭弹幕，否则将是一场没有脸的直播。”确实如此，直播一开始就有铺天盖地的弹幕给局座问好，过程中热心的观众们还在七嘴八舌地问局座一些奇怪的问题或者根据局座的回答来吐槽。局座大方地表示：“大家任何问题都可以提问，我会尽量满足大家的要求。”

观众的问题真的太多了。弹幕一直厚厚地铺在屏幕上，不关弹幕看不清，关了弹幕又没有乐趣，有许多观众为此纠结了很久还是留下了弹幕。作为游戏代言人，局座负责任地为大家科普了许多历史知识，讲述了《战舰世界》的历史背景，让大家在游戏中有更好的代入感（图 5-14）。

图 5-14　局座做客熊猫 TV《战舰世界》直播发布会

聊到尽兴的地方，局座随手拎起矿泉水瓶比划。网友们仿佛在看自己最最尊敬的长辈，直播中途大家担心局座口渴，纷纷齐刷弹幕：“给局座上水。”立刻就有美女为局座送上了矿泉水。虽然局座年龄稍大，但仍然紧跟潮流，在现场还与主持人聊起了 VR 的话题。随后开始《战舰世界》的表演赛，熊猫 TV 主播队与旗舰官方拯救队进行游戏对战，局座又成了游戏主播，潜力真实不可估量啊！

局座说：“我从来都在追逐时代潮流，但不属于弄潮的那种，从不滋事，只是把最新技术为我所用。时代也许在变，但爱国心不能变。个人能力有限，但有一点热就发一分光，就像萤火虫那样，哪怕是一点点微弱的光亮都会给人以希望。我服役45年其实就干了一件事，研究国防和军事。现在退休了，失去了课堂，但又想把这些知识传授给大家，虽不算是满腹经纶，但总是一生所学，终生感悟，愿意与大家分享我的体会。于是在凤凰网开设了《张召忠说》网络视频节目，在蜻蜓FM开设《张召忠开讲》音频节目。这两档节目的编辑都开设了自己的微博和微信公众号，网友一致的反映是希望我开设一个微信公众号，便于跟我进行互动交流，而且也希望我把以前的电视节目、网络视频、网络音频、发表过的长文甚至图书中的文章逐渐集中到微信平台，供大家集中观看，避免到处查找。这个建议很好，于是我开始操作。"

5.2.3 【例】淘宝"麻豆"，最早的一批电商"网红"

BBS网红大潮消退后，模特网红接棒，通过担任服装模特赚取人气，也为网店带来了不少粉丝。"这种情感联系是非常牢固的。"一位有三年网店经验的淘宝女装店主对前来采访的记者说，"这也是为什么原本只是网店模特平台的淘女郎里会涌现出一波网红。很多粉丝就认脸，所以模特单飞开店，粉丝也就跟着来了，之后再好好经营，有了更多粉丝，模特也就成了网红。"

前辈"呛口小辣椒"是博客时代出名的网红，比张大奕等同时期借助微博宣传的一代还要早，至今仍有一定影响力。姐姐Viviandan，妹妹MIUMIU，真名蔚丹、蔚青，是对来自重庆的双胞胎。2004年，这对姐妹花就开始在女性时尚论坛"only lady"上发帖晒自己的穿衣搭配，青春活力又优雅迷人，并且价格不菲，在only lady上聚集了不少的粉丝。在2006年、2007年左右发展到无人不知无人不晓，那时说她们的名字如雷贯耳也并不夸张，是所有开淘宝店却还未走红的小姑娘的偶像。走红之后，

“呛口小辣椒”接拍国内一线时尚女刊 VOGUE（图 5-15）的大片，比不少明星还要抢眼。

图 5-15　VOGUE

呛口小辣椒在成名后的相当长一段时间里一直是模特网红。她们代言了一个品牌“ladyangel”，并担任该品牌的模特。这里不禁再感叹一下当时呛口小辣椒强大的号召力，她们代言 ladyangel 之后，正品 ladyangel 销量极高，淘宝上还出现了铺天盖地的“呛口小辣椒同款”。在 2015 年她们才拥有了属于自己的淘宝店 ZOW ZOW（图 5-16），同时依然兼任 ladyangel 的模特，双管齐下，生意兴隆。在短短一年之内，呛口小辣椒的淘宝店就升至蓝冠五星，即将成为金冠店，并且还成功成为星店。

星店是什么概念？淘宝星店的概念是：“指影响力、知名度等在行业内排行前 50 的名人经营店铺的平台，包括娱乐、文化、时尚、体育、动漫等行业。名人，是指在某行业领域中的影响力、知名度等排列行业前 50（特邀名人除外）的佼佼者。名人开店，指名人自主开店、经营或以参股形式与其他公司、团队合作的淘宝店铺，包括集市和天猫。”

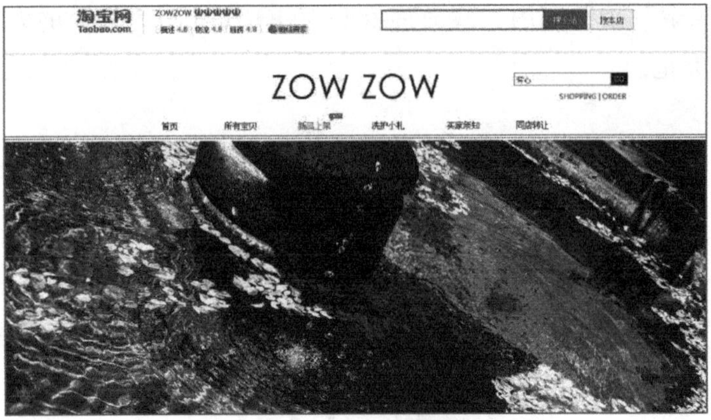

图 5-16　呛口小辣椒淘宝店

能申请星店的都是“人尖儿”，呛口小辣椒影响力可见一斑。不管是其代言的ladyangel，还是自创品牌ZOW ZOW，两店的风格都很符合这几个关键词：美丽、优雅、温柔、贵气。这几个关键词恰恰也是呛口小辣椒本人的气质，网店与呛口小辣椒、粉丝与呛口小辣椒、粉丝与网店一拍即合，衣服一点儿不愁卖，一上新就被秒光了。如今淘宝网红依然大行其道，最早的模特网红依然活跃，新晋的美女店主来势汹汹。不得不承认，网红店主是淘宝网红第一大群体。

5.2.4 【例】罗辑思维，每个成功的罗胖背后都有一群人

“罗辑思维”（图5-17）是目前最大的互联网知识社群之一，包括微信公众号、知识类脱口秀视频及音频、微商城、百度贴吧、微信群等多种互动交流形式，主要服务于80后、90后有“爱智求真”强烈需求的群体。罗振宇为“罗辑思维”设定的口号是：“有种、有趣、有料。”倡导独立、理性的思考，推崇自由主义与互联网思维，是国内微信营销的典范。

图 5-17　罗辑思维

罗振宇是网红界的“萌大叔”，曾是央视制片人，作品有《商务电视》、《经济与法》、《对话》等王牌节目。2008 年从央视离职，一心一意地做起了自媒体，在 2012 年与申音等人联合创办了“罗辑思维”。赚得盆满钵满后做起了投资，papi 酱获得的 1200 万元天使投资就是他的手笔。

“罗辑思维”最出名的营销手段是它在 2013 年发布的两次史上最无理的付费会员制度：普通会员，会费 200 元；铁杆会员，会费 1500 元（图 5-18）。买会员不保证任何权益，明摆着吃霸王餐却筹集到了近千万元会费，让业界大跌眼镜：“现在的粉丝都这么好骗了？”。爱就供养不爱就撒手，不缺钱的粉丝愿意众筹养活一个自己喜欢的自媒体节目，又哪是“专家”管得着的呢？

图 5-18　罗辑思维铁杆会员价

“罗辑思维”能取得如今的成就，必须感谢抛头露面的罗胖背后的那群人。每一位兢兢业业的小员工都是“罗辑思维”的功臣。在这群功臣里，有一个不常露面的女人起到了重要的作用。对罗振宇事业帮助最大的不一定是他老妈和老婆，而是现任的罗辑思维 CEO 脱不花，原名李天田。脱不花作为罗辑思维的联合创始人兼 CEO，只有一次走上台前，还是因为怀孕了。

“罗辑思维”兴奋地让粉丝们花一块钱猜孩子性别与出生时的体重（图 5-19）。据罗胖在一次演讲中说，那次“押宝”让“罗辑思维”赚了 7 万元，15 万的购买用户留下了购买地址等相关信息。

图 5-19　脱不花怀孕“押宝”

脱不花刚进“罗辑思维”时，最初的创始人申音和罗胖刚分家不久，当时两人甚至在微博里隐晦地讥讽对方，大致内容就是申音说：“你不信任我。”罗胖说：“你人品有问题。”申音离开后，“罗辑思维”中管理者的位置就空出来了，罗胖和另一名留下来的创始人吴声，都把目光投向了当时已经在“罗辑思维”混得很熟的企业咨询“大牛”脱不花。

脱不花 17 岁创业，18 岁当上了老师，给那些刚进职场的人士做培训，甚至给当时首富刘永好上过课，在 21 岁时就已经有了 3 年董事长经历，她的到来无疑给“罗辑思维”打了一针强心剂。“罗辑思维”迅速度过了创始人离去之痛，继续大张旗鼓地搞起了营销。

5.2.5　分工合作：闲死老专家，累死万金油

协约签好后，一定要再次明确与合伙人的任务分配，只有分工合作才能促进长久发展（图 5-20），某一方任务过轻或过重都不利于团队的建设。网红的团队分工一定分为对内和对外，对内只为网红服务，完全为塑造网红的形象，对外则与外界公关联系，保证网红的人际关系。即使分得这么明确，合伙人还是要全面了解网红知识，毕竟在网红经济中，八面玲珑的“万金油”才是大家竞相挖角的人才，古板专制的“老专家”就快被时代淘汰了。

图 5-20　团队应分工合作

“万金油”就是“清凉油”，它既指处事圆滑，善于左右逢源的人，又指知识面比较广、学识渊博的全能型人才。的确，在网红经济中，网红团队必须上知天文下知地理，既会“卖萌”又能“套路”，这才能撑起一个完整的网红形象。为什么要上知天文下知地理？为了充分了解节日和事件的历史背景向粉丝们彰显自己文化的底蕴啊！为什么要既能“卖萌”又会“套路”？因为现在消费者都喜欢“萌萌哒”，套路则是电商必备的营销手段，

能打败对手于无形之中也让粉丝乐在其中。

“老专家”则指那些只精通一门专业技能，做事不知变通，像愣头青一样的傻大个。团队里有这样正义的小伙伴虽然能正网店清明的风气，同时也让网红头痛不已。网络营销创意无限，段子一个接一个，老专家多少跟不上时代，造成宣传与社会脱节。“万金油”则是网红的左膀右臂，想段子要靠他们、建设网络要靠他们、对外游说还要靠他们。在网红团队里“闲死老专家，累死万金油”。

5.3 伙伴经济：独乐乐不如众乐乐

网红经济虽然用经济环节中的主角“网红”命名，但网红绝不是独立于网红经济产业链其他环节的无关个体，相反，网红经济是一种牵一发而动全身的伙伴经济。伙伴经济是21世纪人类新文明转型时期所诞生的一种以共赢为目的的新型经济形态，以移动互联网共建、共有、共享、共赢经济的出现为契机，以物质财富、精神财富共享为目的。在伙伴经济体系内，各环节的生产不是为了自给自足，也不是为了交换，而是为了满足彼此之间共享的经济形态。

独乐乐不如众乐乐，伙伴经济的关键词就是：合作、共享和共赢。

网红行业伙伴经济有多种体现。比如说要推出一个淘宝网红，需要淘宝、文化宣传公司、各大设计平台共同发力；涉及生产领域包括面料厂、制作厂等多种相关企业；网红、淘宝客服和美工、宣传推广、文案策划、服装设计师、制版师、快递员等。多个平台、行业、职业联动才能捧起一个像样的淘宝网红。网红经济有如此多的关联，怎么能从经济体系中脱颖而出呢？

5.3.1 造型化妆——人靠衣装，网红要包装

人靠衣装马靠鞍，即使是颜值逆天的网红也要依靠天花乱坠的包装让自己更有吸引力，因为“气质”是最重要的（图 5-21）。网红包装的概念早在 1995 年春节联欢晚会的舞台上就被提出来了，老一辈艺术家赵丽蓉老师的小品《如此包装》搞笑地阐述了这个概念。有趣的是，20 多年前《如此包装》中的网红包装理念，放在现在也并不过时。《如此包装》中，饰演艺术总监的巩汉林老师根据潮流给赵丽蓉老师提出四个包装的方向：衣服、语言、名字和舞台。想做网红，就要从各方面包装好自己。

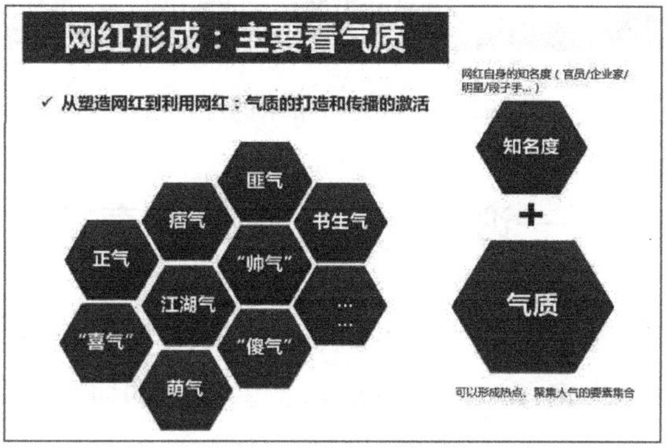

图 5-21 网红形成

网红的包装最直观的两点是妆容和衣着。一个淘宝网红能穿着劣质睡衣踩着塑料拖鞋满大街逛吗？不能。能化着脏脏的眼影抹着不均匀的口红贴近直播镜头说话吗？也不能。淘宝网红长期以来树立的是精致生活的女性形象，这就要求她们衣着大方得体，即使不是名牌也要有名牌的质感；妆容一定要精细优雅，绝对不能有一点粗糙的失误。

在网红们不遗余力的努力下，为化妆品销售企业带来的利润与淘宝服装销量同步增长。多数淘宝网红不但推广自己的服装，有时还推广一些好用的化妆品品牌，为淘宝化妆品销量的增长做出了巨大贡献。淘宝网红对

外表的追求拉动了造型、化妆等多个相关丽人行业，这是伙伴经济的重要体现之一。这只是网红与其他行业合作共赢的表现之一，还有更深层次的经济共享（图 5-22）等待发掘。

图 5-22　网红经济带来的经济共享

5.3.2　摄影道具——论一个会拍照的伙伴有多重要

对于喜欢晒颜值的淘宝网红来说，照片就是形象，形象就是生命，而摄影师和摄影道具决定了一张照片的水准。网红的照片多是自拍，所以对摄像师没有过多要求，而对摄影工具斤斤计较。在摄影工具没有确定的时期，网红会频繁更换不同类型的相机：单反、微单、手机、拍立得等。

还会下载各种各样的自拍软件：美颜相机、360 相机、VSCO、Faceu，经常有粉丝问网红使用的是什么拍照软件，网红就会回复他们说：是 × ×APP，拍照非常自然亮度特别好。无意之中就为这个拍照 APP 做了一个高效推广。网红们不辞辛苦地寻寻觅觅就是为了找到最能拍出自己美貌的摄影工具，经过众多网红的不断寻找，他们终于发现了最棒的工具——美图手机（图 5-23）。

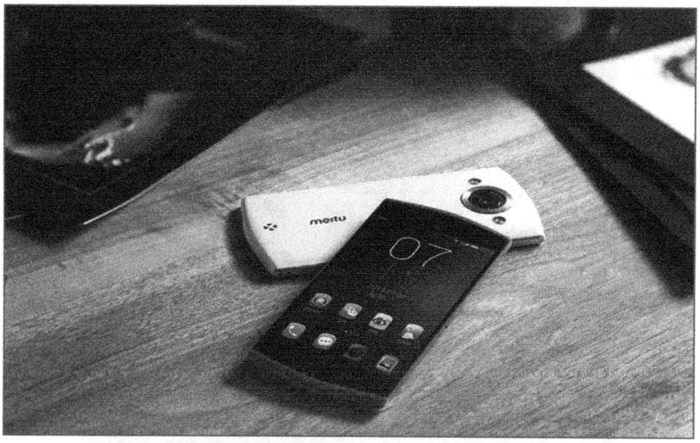

图 5-23　美图手机

美图手机现在被称为网红手机，叫得出名字的网红几乎人手一部，网红教科书张大奕还推出了专属美图手机限量款，就连国外 ins 的红人们也喜爱这一神器。美图手机是修图神器“美图秀秀”的衍生产品，基于美图在自拍美颜领域的多年研究，美图 M6 自拍美颜实力强大，配备前后置 2100W 像素摄像头的超高配置，拍出来连睫毛都根根清晰可见，实时美颜功能让网红在镜头前时刻保持最好状态。美图手机因强大的美颜效果成为了网红的“爱将”。

静态照片要美颜，视频直播更得美颜！“美图秀秀”的另一衍生产品——美拍（图 5-24）是美女们最喜欢的视频直播 APP。美拍有两种功能，一种是拍摄短视频，另一种是直播。短视频功能号称“10 秒也能拍大片”，通过各种 MV 特效对普通视频进行包装，呈现不同的“大片”效果。在自带美颜效果的直播中，不美也美，美则更美，因此网红们蜂拥而至，美拍下载量暴增。

图 5-24　美拍

对网红来说，有个会拍照的“伙伴”特别重要，网红对美的追求带动了摄影工具和摄影 APP 的发展，越来越多美颜功能强大的商品和 APP 上架，令人眼花缭乱。不过看着自己美美的脸出现在社交网站的页面上，前期再艰苦的拍照过程都不算什么了。

5.3.3　文案策划——网红背后的创意段子手

文化价值虽然比较抽象，但在微博上有一个极好的例子。《博物》杂志是《中国国家地理》杂志的青春版，面向青少年。在 2009 年开通了微博“博物杂志”（图 5-25），是科普类账号，至今粉丝超 400 万人，江湖人称“博物君”、“薄雾君”、“薄污君”或“网红杂志”。自然现象、动植物种类、中外文字、历史典故等，没有博物君不知道的，只有大家没问到的。博物君不仅会科普，更会“污”，曾经风靡微博的费玉清“嘿嘿嘿”，就是博物君一手打造的热门话题，当然，人家是无心插柳变“污”的。

图 5-25　@博物杂志

起初博物君并不显眼，随着 90 后、00 后来势汹汹地冲入网络世界，才以其独树一帜的冷笑话科普风迅速赢得年轻一代的好感。现在不管大家看到了什么稀罕玩意儿，都会 @ 博物杂志求解答。博物君尽管语气戏谑，但总是能清清楚楚地解答问题，成了文化“网红”。博物君似乎总是作为一本书在和粉丝对话，大家都很好奇“博物杂志”这个马甲下的文案策划到底是哪位高人呢？

“博物杂志”马甲下的真人段子手叫张辰亮。读研究生时期，张辰亮就读于中国农业大学昆虫专业，学习昆虫分类学。硕士毕业后，张辰亮选择到中学时最喜欢的《博物》杂志工作，捎带手又接了杂志官方微博的运营工作，没想到无意间，给自己塑造出了另一个炙手可热的身份。张辰亮接手《博物》杂志官博时，粉丝仅两万人，网友见到各种不认识的奇怪物种都会拍下来问博物君。

他每天都要处理大量这样的问题。最初开始回答问题的时候，张辰亮非常严谨认真，甚至将网友询问的动植物的学名都写上去。但结果并不尽如人意，转发只有寥寥几条，甚至有的是零转发。他尝试着将微博人格化，与不少其他官微一样，选择了“卖萌”的路线（图5-26）。

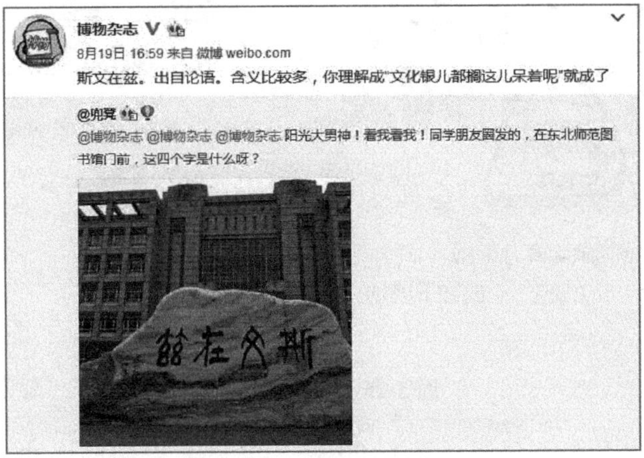

图5-26 博物君“卖萌”

“博物杂志”微博的走红带来了纸质杂志销量的增长，月发行量从几万册变成了现在的22万册。以前杂志的定位是儿童读物，现在不管大人还是小孩，被博物君吸引来的粉丝都会订上一份涨知识，有时还会顺带订一份《博物杂志》升级版《中国国家地理》，这笔生意可做得太值了。

5.3.4 产品运营——卖产品还得要有商业头脑

消费者是网红经济中最重要的伙伴，不管网红吹嘘得多么天花乱坠，还是得消费者买账才行。商家与消费者大部分时间都是一个愿打一个愿挨，比如说小米手机的粉丝（图5-27），他们就是愿意配合小米无止尽的饥饿营销手段，享受那种“我喜欢的产品人气最高”的自豪感。

饥饿营销就是通过调节供求两端的量来影响终端的售价，达到加价的目的。商家在产品发行前采取大量广告促销宣传，勾起顾客购买欲，却设计供不应求的假象，让用户苦苦等待，结果近在咫尺却无法得到的心理更加提高了用户的购买欲，“再次有货”时提价销售，获取暴利。国内数小米手机的饥饿营销做得登峰造极，一直被当作饥饿营销的典范。小米是如何根据消费者的购买欲实行饥饿营销的呢？

图 5-27　“米粉”——小米粉丝

小米手机从 1 到 5，每次都在玩饥饿营销。一款手机多轮发布，每次发布几分钟后，就会出现：“对不起，××× 万台订完了……”（图 5-28）。此界面一出，“米粉”们（小米手机粉丝的昵称）哗然：“什么？又没抢到？为什么这么抢手？”并踌躇满志地准备下一轮发布，势必要拿下这款手机。

2016 年 8 月高调进军 VR 领域的小米宣布要推出一款 VR 眼镜，然而在众“米粉”翘首以待时，小米却不按套路出牌，推出一款“玩具版”产品，让人颇感意外。小米的这款 VR 眼镜终于在 2016 年 8 月 1 日 10 点于小米网、小米之家、天猫、京东同步发售，售价 49 元。而开售不到一小时，小米 VR 的官微表示小米 VR 眼镜玩具版全部售罄，而第二天 10:00，将会开启第二轮抢购。

图 5-28　小米新品总是“卖完了”

“米粉”们被小米的饥饿营销搞得晕头转向，对屡次购买新产品出现的排队页面越来越冷漠（图 5-29）。逐渐对“订完了”这个结果产生怀疑，不少理智的“米粉”们开始厌倦小米这一次又一次的花招，跑到 CEO 雷军的微博下评论说：“卖手机能不能别耍流氓，好好搞创新别搞营销好吗？”不过，虽然有部分消费者流失，小米发布手机时依然是门庭若市。

图 5-29　小米新品销售排队页面

第6章

做“爱豆”！目标是上限，规矩是下限

网红虽不是艺人，但也是另一种意义上的新偶像（图 6-1），是不少粉丝心目中顶天立地的“爱豆”。“爱豆”可不是那么好当的，普通的艺人得颜正手美身材好，网红也需要；艺人得唱歌出色演技“爆棚”，网红也得掌握一门拿得出手的技能；艺人们还得性格包容常“卖萌”，这依然是网红的必备要求。在实现目标的过程中，网红应该恪守社会和行业的规矩，不可丧失了本心。

图 6-1　网红——网络新偶像

6.1　电商中心：围绕网红进行的营销大战

商业模式的创新，往往是一波未平，一波又起。从 2015 年的网红电商，到 2016 年上半年的直播。如今，站在风口的则是“网红 + 直播 + 电商”，它似乎让处于链条中的各方顿时找到了新的商业出路。不管如何发展，商业模式的创新始终围绕着网红，“网红 +”是一条无法避免的道路。

网红经济下的电商开始了又一轮的营销大战，在 2016 年 6 月中旬的电商大促销中，苏宁易购大玩粉丝营销，开设了“红人网购直播间”，斗鱼女主播冯提莫在直播中推荐联想 ZUK Z2 手机，1 小时内预约量突破 10 万台；7月9日，蘑菇街推出“直播闺蜜搭”活动，共开放了150个主题直播间，由蘑菇街的红人主播们，展示服装、化妆、搭配技巧和个人的时尚理念，并直接在直播平台中进行售卖，当天的总成交额较6月平均日成交额增长189%。

6.1.1 “爱豆”效应——会说话的IP更惹人爱

什么样的网红值得电商为之一战？成为IP（Intellectual Property，直译为知识产权）的网红。网红与电商的突然兴起使投资市场发生了巨大的变化，连身经百战的投资商们都有些措手不及。真格基金创始人徐小平在上海交大的一场演讲中感叹道：过了一个春节，自己突然对中国创投环境感到了陌生，对几件事情感到过时了，感到不理解了。比如网红，未经任何人授权的互联网品牌，以及未经授权的有影响力的个人。通过网上的直播，也有了实时变现，梦想成真的机会。

网红要成为IP，一定得有商业价值。比如，某网红在美拍上有20万粉丝，这样还不能成为IP，因为没有经过商业的检验，投资人不一定认可。一旦成为商业化的网红，就具备投资价值了。papi酱还没有经过商业认可的时候，大家都觉得这个虽然是IP，但一定是无法长久，最后的2200万元广告招标却用事实狠狠地打了那些不看好的人的脸？

淘宝产生了很多网红IP，她们就是店铺销售额名列前茅的美女店主。其中一位美女店主，张林超，是有着200万微博粉丝的平湖女孩，在2016年度中国电商红人排行榜中位居前三，主打“海归白富美”形象。她自创淘宝店Lin Edition Limit，定位为引领时尚的中高端女装，并且是一个著名的网红孵化器。她和老公张瑜相识多年，两家父母都做服装箱包生意。

“厂二代”的强强联手，产品供应链就不需要担心了。她坚持生产高质量的内容，在一个月里，她的微博粉丝增长了 30 万人。收获人气的同时，她将粉丝导流至淘宝电商平台，经统计，如今张林超的网店最多一天寄出包裹 3500 个。张林超很有信心地说，自己的时尚产业方兴未艾（图 6-2）。

图 6-2　张林超的店铺 Lin Edition Limit

生意做得越大，张林超对自己的网红身份越有了更清晰的定位：网红，其实就是某一个领域里的意见领袖，必须在自己的领域里始终保持独特的见解和品位，而这个品位要远远超出社会大众平均值。“大家成为我的粉丝，绝不是因为我长得漂亮、照片拍得好看，而是因为我持续不断地生产高品质微博内容。”为此，张林超几乎每个月都要带设计师到伦敦、米兰、巴黎、纽约等时尚之都，看秀、看款、拍照，把握最新时尚动态，转化为设计灵感。

“网红之间的较量，就是看谁在自己的领域里钻得更深，投入的时间、精力更多。”张林超说，这就是一个网红的自我修养，是她为了打磨自己的 IP 地位做出的努力。张林超无疑是一个优秀的网红 IP，她很清楚自己 IP 的作用，成为淘宝网红 IP 的代表性人物。

“说到女网红，或许很多人都会认为，她们的拥趸肯定都是为之倾倒的男粉丝。”张林超说，其实这是误解，至少对像她这样的时尚网红来说，女粉丝的数量要远远超过男性。“去年，我在平湖办了一次粉丝见面会，200名粉丝几乎清一色是来自北上广深等一线城市的都市女性，有女企业家、高校老师，甚至还有外交部的公务员。”真正的IP绝不只有单一的受众。

他们的影响会跨越群体，只有单一受众的网红也算不上IP。张林超就是一个会说话的网红IP。她输出的不止有衣服，还有专属的品牌理念、时尚眼光和生活方式，粉丝看到她的时候会在心里暗想：“我也想成为你这样的人。”所以他们购买网红推荐的东西试图向她的生活靠拢，张林超作为网红IP的商业价值因此得到认可。张林超的IP之路很经典，是所有淘宝网红都能借鉴的经验，他们要学习的就是张林超如何让自己的IP开口说话，成为人见人爱的流行品牌。

6.1.2 自我推广——卖产品先把自己“卖”出去

网红在推销产品或品牌之前，先要把自己推销出去。自我营销的方法与企业营销类似，事件营销、借势营销、内容营销都是有效的推广手段。就像开了淘宝店的papi酱，如果她没有苦心经营几个月的视频成为网红，她上架的T恤能在几分钟就被抢购一光吗？很难。papi酱如果没有名气，她的淘宝店就很难被人所知。因此，网红想要做电商，先把自己“卖”出去，然后再谈推销商品。

丁辰灵告诫网红说：“不能整天只想着卖货。网红思维不是卖货思维，因为卖货时，你挣到钱，买的人消费了钱，卖货是你做销售，你有没有给人家提供价值？用户要的不是你的产品不一样，而是你给我提供了什么额外的价值。所以用户的问题是，你除了给我这个产品，还能给我提供什么价值？这时你会发现，大量价值转变成了情感价值。”

网红雷娟娟在360传媒集团主办的中国化妆品经济论坛上分享了她自我营销的经验。18岁就开始涉足电商行业的雷娟娟不仅在淘宝做得风生水起，微商也做得十分成功。仅仅用了6个月，就打造了一个月流水超过600万元的万人团队“梵希女神团”（图6-3）。

2015年，很多化妆品大品牌发展并不乐观，为何雷娟娟依然能取得这么优秀的成绩？雷娟娟向记者坦言自己的优势：“第一，我的资源还不错，因为做了这么多年的淘宝，我累积了很多老顾客；第二，我懂得提升自己，让一个芝麻大的优点，看上去像西瓜大的效果。这方面，朋友圈照片和文案一定要非常给力。”一个人受欢迎，她的产品也会因此增光添彩。雷娟娟积累了一定流量后依然致力于自我推销，不断放大自己的优点，塑造更容易被消费者接受的人设。

图6-3　梵希女神团升级为梵希国际

丁辰灵根据网红经济的走向总结出了四大趋势：视频化、专业化、多平台化、营销多元化。为了让自己更加为人所知，网红可以对症下药，提高网络直播的频率和趣味性、增强自身的专业水平技能、多与各大社交平台上的粉丝互动、采取多样营销手段。在自我推广期间收获的人气和影响力决定了日后推销产品的起点，因此网红一定要注重初期的自我提升。

6.1.3　营销模式——电商 + 网红往往是一对多

如今"电商和网红"竞争激烈，一个网红很难撑起一场营销大战，于是电商们纷纷选择了与多位网红联手。苏宁易购招募大批量网红参与"6.18"的红人直播间，唯品会邀请了知名网红参与唯品会母婴节，而在蘑菇街每一个主播都是网红。电商平台只有一个，联手的网红却有多个，这也是如今电商寡头化和网红井喷的鲜明体现。以唯品会（图 6-4）为例，经过了多场电商大战，唯品会已经熟悉了战斗的套路，如今"电商 + 网红"模式运用得十分纯熟，已在"电商 + 网红"的营销上大显身手。

图 6-4　唯品会 Logo

唯品会瞄准的是明星网红。2016 年 3 月 25 日唯品会聘请周杰伦成为首席惊喜官（CJO），启动"惊喜营销"，将明星 IP 具象为惊喜的购物体验。凭借周杰伦的人气与其明星朋友们自主品牌的参与，第二季度唯品会推出"一场无与伦比的'4·19'特卖会"，开售一小时的销售额已达往年同期销售额的 5 倍，创特卖会首日销量历史新高，将消费娱乐化与用户粉丝化的营销完美地结合起来。

在“6 · 16”年中特卖狂欢中，唯品会与知名网络红人携手，大手笔地打造了一个真人秀活动——“网红直播 # 十二小时生存挑战 #”，在北京世贸天阶设置全透视玻璃屋（图 6-5），邀请多位人气网红直播“生存挑战”，过程中还有其他网红来“探班”，开启“电商 + 网红 + 直播”的综艺式新玩法，最终推动唯品会在“6 · 16”年中大促期间销量再度攀升，订单量创纪录超过 600 万单。

为给“7.19 爽购节”预热，唯品会联手新晋网红段子手薛之谦于 7 月 16 日在微博上发起了新话题“爽的事情做三次”。在当天薛之谦发布了新的原创微博视频，他化身名侦探“柯鸡”，自虐拉肩带、做俯卧撑、狂喝水、莫名其妙打人、用手机购物，什么事情都要做三次，然后最终引出广告词：“唯品会‘7.19’，折后 3 件 8 折，爽、爽、爽购节（图 6-6）！”截至 7 月 20 日中午，薛之谦的此条微博被转发了超过 16 万次，评论超过 24 万条，点赞超过 80 万次，话题“爽的事情做三次”有了 4.5 亿的阅读量。唯品会因为“7.19 爽购节”，也拥有了超高人气。

图 6-5　唯品会“6.16”生存挑战场地

图 6-6　薛之谦为唯品会制作的视频

唯品会能将明星网红直播玩出高境界的原因就在于：同样是请明星、网红做直播，别的企业是毫无新意地让明星代言，说两句煽动性的广告词，邀请网红直播，却只是自说自话或者干巴巴地推销商品；而唯品会打出了一套明星、网红、直播、综艺 IP 的组合拳，有步骤、有章法，每次都有新花样，吊足了消费者的胃口。这一切都建立在对消费者心理的把握上，所以，精准的用户分析和洞察是营销创新的基础，分析和洞察越是精准，就越能尽快找到挑动用户神经的武器。

在“2016 中国互联网企业 100 强排行榜”中，唯品会杀入前十；在《财富》中文版发布的“2015 年中国 500 强企业排行榜”中，唯品会晋升 B2C 电商类前三甲；QuestMobile“2016 年中 APP 排名盘点”中，唯品会又位列电商类 APP 第一阵营。

6.1.4 【例】阿里巴巴，我为网红代言

淘宝网是最出名的网红发源地。要说阿里巴巴为网红代言（图 6-7），绝对没有人会反驳。阿里巴巴鼎立支持网红经济，CEO 张勇曾在 2015 年

12 月发表言论："网红是全球独一无二的经济新物种，展现新经济力量。"在2016年3月29日，淘宝网在杭州召开2016年度卖家大会，张勇再度表示："卖家本身都具备变成网红的潜质，只要我们愿意为了年轻一代去创造内容，为了年轻一代去创新，我想我们所有的淘宝卖家都能成为网红。"

图 6-7　淘宝为网红代言

淘宝网的"电商 + 网红"模式运用得相当得心应手。淘宝网不但自己培养网红，还与其他平台产生的知名网红联手推广淘宝网这个拥有巨大价值的 IP。淘宝网在每年春秋都会开展"新势力周"活动季，与"双十一购物节"等大型促销活动不同，"新势力周"的目的不止在于以降价吸引粉丝，而是针对年轻的消费者，推荐淘宝中具有创意的年轻化品牌力量。在 2016 年春夏"新势力周"期间，淘宝网就与各界网红花式合作，为淘宝网消费者带来了一场狂欢盛宴。

淘宝网于 2016 年 3 月中旬启动了"新势力周"主题活动的推广动作，以"看我"为主题（图 6-8）。此次新势力周将淘宝平台开放给红人、"大 V"、偶像，通过网络秀场的方式，直播 90 后红人、"大 V"、偶像的特定风格产品的发布。淘宝第一次将促销导购的主场交还给具备内容导购能力的达人以及红人，形成良性循环。同时还第一次从货品组织到货品导购完全通过个性化千人千面的方式呈现，重组货架体验，打造个性化的发布主场。淘宝网本次上新规模达到10万家店铺150余万件服饰新品，其中涉及的设计师品牌有1000多个，是目前为止淘宝服饰上新规模最大的一次。

图6-8 2016年淘宝网新势力周活动

在“新势力周”期间，淘宝与90个或老或新的90后网红合作，推出了一个90秒的视频广告，在服装分类推广中也用不同风格的网红代表了不同种类的服装，并且在大量的网站和移动APP上投放了青春洋溢、个性十足的宣传短片与海报。本就独领风骚的淘宝网与90个知名网红强强联手，在新势力周横扫电商界，取得了巨大的收益。淘宝网试图淡化红人的“店主”身份，更多挖掘红人自身专业的时尚审美能力和粉丝号召力，从而让红人经济更健康更持续地发展。

2015年“新势力周”淘宝网就与网红展开了合作，2016年淘宝将目光投到了等级更高的微博“大V”上，如蒋方舟、张全蛋、艾克里里。此次淘宝网将这些红人与淘宝品牌放到一起，强化红人作为 90 后消费偶像的品牌 IP，为他们塑造个人影响力。

总的来看，网红经济是社交电商的一个发展，而淘宝这次又重新成为了大家变现的平台。淘宝也非常乐意看到这些自带流量的人能够在淘宝上获得自己的成功。而这些人的巨大成功，也让淘宝看到了未来电商发展的一个大概方向。所以从这个角度来说，淘宝是非常支持网红的，而在自己的产品平台上，也针对性地开了很多内容板块来推荐各种达人（图 6-9）。

图 6-9　淘宝达人招募令

淘宝"电商 + 网红"的模式远不止步于此。在 2016 年以"网红 + 直播 + 电商"为主打的"双十一"大战中，代表网红经济发展趋势的阿里巴巴再放大招，展示"强大" + "魅力"。他们事先进行多轮数据测试，多家服务商进驻淘宝直播，其中领跑者就是美空（图 6-10）。作为目前淘宝直播红人数量最多、转化最好的平台，美空已经针对今年的"双十一"大战准备了十余个"网红 + 电商"的服务产品，包括微博营销推广、淘宝达人导购、红人直播、红人拍摄等，其中部分产品已经完成了数百万元的预售。

图 6-10 美空网 Logo

6.2 阶梯目标：步步为营才能随机应变

人生百年总有一个目标，要使目标能够实现，将目标分解量化为具体的阶梯计划是一个很好的选择。阶段性目标使自己知道现在应该为目标做什么，使目标有了现实的行动基础。具体可以采用逆推法，即确定大目标的条件，将大目标分解成为一个个小目标，由高到低，层层分解，再根据时限，由将来逆推至现在，明确自己现在应该做什么，形成“即时行动←更小的目标←小目标←大目标”的目标分解法。充分的准备是成功的基础，阶段性目标规划就是这个理。

超速更新换代的电商更适合制定阶段性目标。网红大可以先树立一个长远目标，然后根据电商发展前景预测制定相应的阶梯目标计划，充分做好应对各个阶段不同状况的准备才能临危不惧，从容应变。各个网红具体的阶段性目标肯定不同，但大方向上的步骤相似。

6.2.1 吸粉是第一步——商业化气息太浓难获看重

对于所有电商网红来说，吸粉都是躲不过的第一个目标，有了粉丝的支持才能继续走下去。电商要如何吸粉？当下电商市场的大趋势告诉网红要做“内容电商”（图 6-11）。电商内容营销不同于其他用户引导策略，是给予用户而不是向用户索取的口碑营销。电商认真制作的内容可以对消费者产生积极影响，为他们提供有用的信息或给予观感上的享受。

图 6-11　内容电商要点

这样电商就有了记忆点，也吸取了较为固定的粉丝流量。这种看起来“无私奉献”型的内容电商淡化了商业化气息，更容易得到消费者认可。电商可以制作的内容有很多，视频、音乐、照片、文章，使用最多、效果最显著的应该是视频内容。

《造物集》是由新片场影视创作人社区旗下的造物集工作室出品的清新手作影像系列。视频中有三位主人公：玉头姐姐、玉头老公和一只可爱懂事的金毛犬多福。《造物集》关键词：手作，即手工制作。如今生活水平逐渐提高，越来越多的年轻人生活宽裕，与其虚度空闲时间不如亲自动手制作一些精巧实用的好物，《造物集》因此需求而大受欢迎。

《造物集》每一则视频都是一种手作教程，玉头负责制作，多福负责“卖萌”，玉头老公负责掌镜，视频风格清新自然，配乐优美。手作种类包括护肤品、生活用品、装饰品和美食等。目前第一季、第二季已经完结，第三季正在更新中（图 6-12）。

图 6-12　《造物集》

《造物集》诞生于 2015 年 7 月 8 日，未满周岁时就获得了 2016 年 6 月微博“超级红人节”的十大影响力视频栏目奖，直接跳过了视频新秀这一步拿到了大奖。上线以来，节目共收获了 3.5 亿次点击量，粉丝累计超过 300万人。有不少粉丝跟着视频教程尝试制作那些具有吸引力的手作，却总是在微博上跟玉头哭诉：“为什么我做的和你做的不一样？”

还有粉丝问：“材料和工具是哪里来的？”更有粉丝说：“太懒了不想做，有没有现成的卖？”于是在 2016 年 6 月 1 日，《造物集》开设了淘宝自主品牌店（图 6-13），上架商品都是粉丝要的：原料、工具、器皿、现成的手作等。首日上新即收获 10 余万元收入，至今粉丝 8 万人。

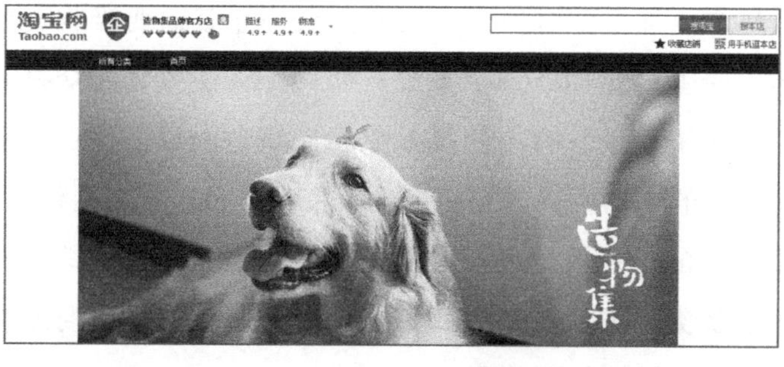

图 6-13　造物集品牌官方店

《造物集》看似是顺应粉丝呼声而开设的淘宝店，其实是早有打算，在粉丝流量积累到足够支持网店的时候才实行。不过它一直走的是清心寡欲、不问金钱的文艺生活风，即使粉丝心里明白这都是套路，还是会购买它的商品。不过粉丝确实是对《造物集》视频中出现的各类物品有需求，这一方面说明了《造物集》内容的丰富，另一方面说明其抓住了粉丝的内心，引导粉丝进店消费。

内容电商的优势就是可以更低成本地获取用户并且帮助用户做消费的决策，越来越多的消费者在看直播、看自媒体文章、看帖子的过程中，享受服务，购买商品。电商应把明显的商业化手段放一放，专心制作内容，好的内容会自然而然地被发掘出来，成为制胜法宝。

6.2.2 估值是第二步——有人投资才有选择的余地

电商有了粉丝自然就有经济价值，这时就要用具体的估值来体现出自己的价值。电商估值即估算电商价值，包括电商自有资产和获利能力。与线下企业估值不同的是，依靠互联网存货的电商估值的主要依据之一是流量，这个虚拟的网络数据决定了电商的生死。“粉丝——流量——利润——投资”是电商企业的真理。

如今电商企业都会定时估值，估值如果理想就需要吸收资金。能否顺利融资决定了企业的走向，资金来源有两种，天使投资和众筹。天使投资是富有的个人出资协助具有专门技术或独特概念的原创项目或小型初创企业，进行一次性的前期投资。它是风险投资的一种，前期要做大量的评估，根据天使投资人的投资数量以及对被投资企业可能提供的综合资源进行投资。天使投资优势明显：投资人靠谱、资金雄厚，如果电商能够顺利拿下天使投资，恐怕在梦里都要笑醒。

众筹是一种群众募资，以支持发起的个人或组织的行为，具有低门槛、多样性、依靠大众力量、注重创意的特征。天使投资如果是一个人投资1000 万元，众筹就是 1000 万个人一人一元投资总计 1000 万元。由于众筹人数多、战线长，一般需要第三方平台来组织大众有序地投资。如今有很多电商想要发行产品却没有足够的资金来支持就会选择众筹的方式，如《暴走漫画》淘宝店众筹周边产品、电影《大鱼海棠》众筹主角手办。众筹如今也成了电商主要的融资方式（图 6-14）。

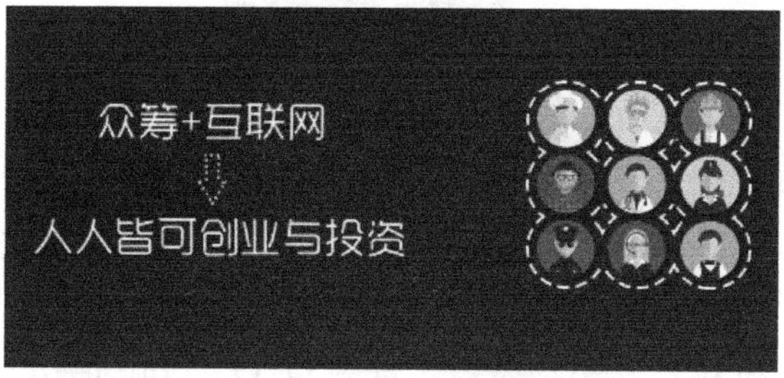

图 6-14　众筹

各大经济类网站上时不时就会出现一个电商估值榜单，月估值、季度估值、年估值，榜单更新换代速度和电商一样快。如果某个电商出现在了估值榜单上，那它应该感到骄傲，因为它已经满足了投资人的选择条件，拥有了被投资人选择的机会。如今电商融资有多轮，首轮天使投资、Pre-A 轮融资、A 轮融资、B 轮融资、C 轮融资等，融资轮数越多，说明电商估值越高，经济价值越大，寿命越长。有人投资才会有足够的资金，电商才能有更多的选择方向开辟市场。

6.2.3 盈利是第三步——挣钱是维持经济链的必要条件

估值只能估算出电商的一个虚拟价值，看不见摸不着，盈利才是真正的价值体现。投资让电商有了扩大市场的资本，盈利才让电商有了维持所在经济链（图 6-15）的必要条件。电商不止与消费者有关联，代销商、供应商、消费者等都是经济链里不可缺少的环节，常言道“牵一发而动全身”，如果电商无法盈利造成发展停滞，那么代销商和供应商都会陷入瘫痪。

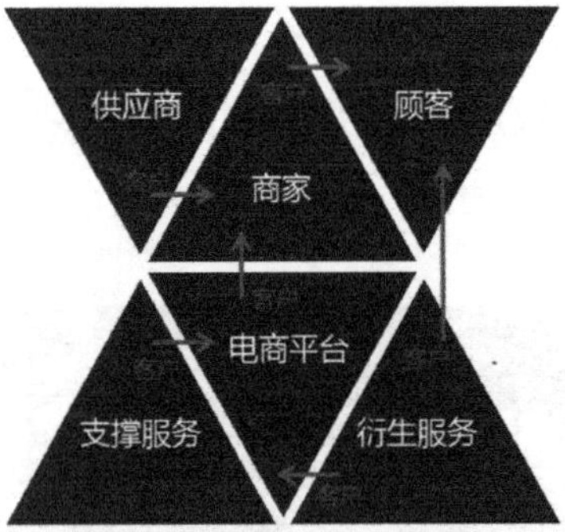

图 6-15　电商产业链

电商应如何盈利？方法有很多，首先 O2O（Online to Offline）就是一个很好的方法（图 6-16）。“线上 + 线下”模式能规避传统电商单一线上运营的缺陷，非常适合垂直领域的电商。这种模式的关键在于将线上与线下运营整合为一个完整的链条，否则适得其反。“糯米酒先生”就是成功运营 O2O 的典范。“糯米酒先生”是一个微信公众号，销售传统纯手工工艺酿造客家土楼糯米酒。

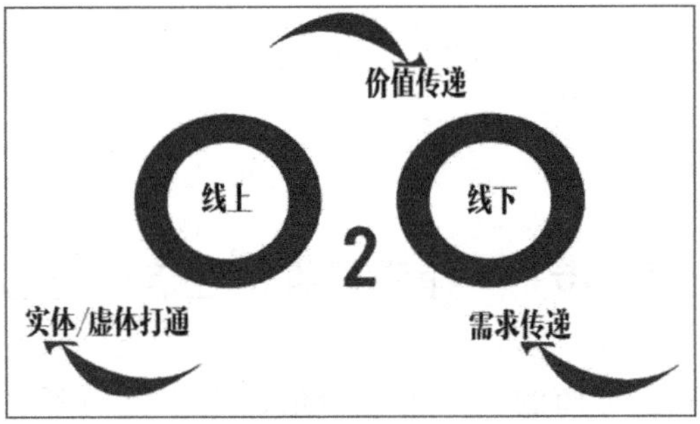

图 6-16　O2O

这个公众号运营了半年，就收获了22500名粉丝，每月有近5万元的销售额。在线上基础打好后，“糯米酒先生”会不定期组织线下体验活动，召集大家到客家土楼的酿造基地参观，巩固粉丝的忠诚度。如今“糯米酒先生”已经成功升级为“客家土楼糯米酒”品牌，拥有了专属的淘宝商城。

“网红+”和“直播+”也是现在电商常用的盈利模式。在互联网时代，电商怎么能和网红经济脱节呢？在淘宝与90位网红大闹“新势力周”闹出了翻番的销售额；唯品会与网红携手进行“生存挑战”挑战出了惊人的利润；苏宁易购建立“红人直播间”直播出了超高的用户增长量的同时，京东也不甘落后开启了网红达人计划（图6-17）。

图6-17　京东招募网红开启达人计划

京东本是主营电器的电商平台，但近年来非电器消费占比超过50%，服饰品类是毫无疑问的非电器消费大品类，而京东服饰平台是自营+开放平台的模式，对于京东服装来说，更需要时尚意见领袖和网红们带来的口碑流量。网红们往往活跃在社交平台，有巨大的粉丝群体，他们加入达人计划之后，会带动大量年轻消费者进行品牌接触，为京东的服饰品牌带来很好的流量补充。

不管电商如何与网红合作，最终目的都是为了盈利。联手不但能为电商本身带来巨大的能量，更能保证产业链的平衡与发展，产业链整体的稳定才会为电商带来更好的发展环境，这是一个良性循环。

6.2.4 【例】奇葩说，从娱乐节目到音频教程日销 500 万元

爱奇艺有一档自制综艺节目《奇葩说》（图 6-18），是中国首档说话达人秀。节目由前中央电视台主持人马东的米未传媒与爱奇艺联合制作，由马东本人主持，蔡康永、高晓松等“老炮儿”担任“说话导师”，还邀请了大 S、柳岩、廖凡、阮经天等明星来节目担任嘉宾。《奇葩说》的宗旨是寻找“最会说话的人”，口号是：“You can you bibi”。意思就是“你能你说”。节目话题范围广，直面社会和娱乐圈中的各种棘手问题，播出后成为热门搜索的常客，足见话题影响力之大。

图 6-18　《奇葩说》

《奇葩说》以辩论为形式、说话为看点，内容创新之处在于使用纯网络语系，嘉宾和选手都言人之不敢言，用新颖的观点挑战大众认知……处处为了点明节目“奇葩”让“一大波奇葩分子用奇葩方式传递奇葩观点”。《奇葩说》的更可贵之处在于，它提供了一个让平常很难发声甚至受到排挤的异见者说出内心想法的平台。《奇葩说》特立独行的风格吸引了大批同样对社会某种现象有不同意见却又不敢说不出口的年轻观众。在第二季结束后，《奇葩说》的制作公司米未传媒获得了 A 轮融资，估值达到 20 亿元。2016 年 5 月 21 日晚，《奇葩说》第三季收官，节目总播放量超 5 亿次，均集播放达 2000 万余次，《奇葩说》系列总播放量累计高达 16.6 亿次，估值更是难以想象。

不就是动了动嘴皮子吗？巨大的人气从何而来？就是这嘴皮子，让《奇葩说》成为自制网络综艺节目中的一匹黑马。节目中金句频出，如“没有逻辑的正能量就是负能量”、“善良是很珍贵的，但善良没有长出牙齿来，那就是软弱”。甚至有热心网友贴心地总结出了《< 奇葩说 > 经典语录》供有需要的网友借鉴。《奇葩说》大火让马东和团队来了灵感：是不是说话也可以赚钱？

于是，《奇葩说》第三季结束没多久，马东就在广播类 APP“喜马拉雅 FM”开通了一档叫作《好好说话》的口才培训音频课程（图 6-19）。2016 年 6 月 5 日，马东在微博做预告：“《好好说话》明天上线，持续一年 260 期，想想就嗨。”《好好说话》由马东担任总监，《奇葩说》的人气辩手马薇薇、邱晨、黄执中、周玄毅等担任主创，以日更形式推出 8 分钟音频课程，主要教人如何“避开沟通雷区，把话说得漂亮得体”。在课程推出前有许多人讨论：会有人买吗？

图 6-19　《好好说话》

这套音频课程的年费为 365 元 / 年，限时优惠价 198 元 / 年，也就是说一天一元就可以学到说话秘籍。单就音频节目来说，这个价格并不便宜。却没想到，销售战绩出奇的好。2016 年 6 月 6 日上线第一天，喜马拉雅 FM 官方给出的数据显示销售额突破 500 万元，10 天之后，销售额窜到了 1000 万元。

如果按照年订阅价 198 元来算，订阅用户突破了 5 万人大关，无论是马东还是喜马拉雅 FM 都表示“超出了原来的料想”。谁能想到，几句话就能这么赚钱？

《奇葩说》和《好好说话》给电商提供了一个新思路：网红也有不看脸看口才的，他们的粉丝号召力不比颜值型网红差，也就是说，不是所有电商内容都要有画面才算精品内容，说话说得好也是一门难能可贵的技术。《奇葩说》的爆炸式走红也不乏套路：吸粉—估值—盈利，走得稳扎稳打。步步为营才能随机应变，《奇葩说》树立了良好的榜样，各大电商你们学会了吗？

6.3 规则约束：网红们也只是普通的公民

当网红成为电商竞相追捧的新法宝时，网红的价值也跟着水涨船高，同时，网红经济崛起的另一面是蜂拥而来的创业者让网络社会鱼龙混杂，大量网红竞争日趋激烈，为迎合低俗趣味，许多网红为吸睛失去理智，不断打擦边球触碰底线来搏名获利，电商平台也与网红一起不断尝试着更大的尺度以求盈利。网红也是普通公民，经营电商的人也是普通公民，公民都必须遵守法律法规和行业规范，否则终将有一天，靠短时间出格积累的松动人气会因为违背社会价值观而倒塌。

6.3.1 职业道德——一个网红的自我修养

职业道德又叫职业操守，是个听上去很抽象但实际上很具体的概念。其实职业操守并不单指是一个道德问题。虽然个人道德是职业操守的来源之一，但不是首要来源。只认其是从业者的道德问题，不认其是社会公共系统的治理混乱，这是道德驱逐理性的表现。职业操守集体败坏会成为一种行业现象，成为或明或暗的行业运作规则。坚持职业操守是不可反驳的第一要务（图 6-20）。

图 6-20 职业操守

那网红和电商的职业道德是什么？最重要的就是关注社会发展，为社会发展做出应有的贡献。近年来电商崛起，“电商慈善”随即产生，越来越多的电商行业开辟了慈善公益领域，为社会发展出谋划策。在胡润 2016 年 6 月发布的“中国大陆最慷慨慈善家 TOP100”中，马云、刘强东分列第 19、86 名。他们在互联网大潮中争斗不休的同时，也在以各种方式为慈善事业尽着自己的力。星缘守护公益项目（图 6-21）是中华少年儿童慈善救助基金会下的关爱自闭症儿童的公益项目。

图 6-21　星缘守护 Logo

星缘守护公益项目发起人是阿里巴巴上市敲钟人之一，被称为“敲钟女神”的淘宝网红何宁宁。某天何宁宁突然想到可以通过聚集网红的力量，让更多人关注到自闭症儿童群体，更多地了解和接纳他们。她说：“不一样并不代表不正常。”想法成熟之后，她着手创立了星缘守护。

2016 年 6 月 26 日，星缘守护系列的经典活动——“星星天使周末乐园社会融合活动”邀请了几位知名网红作为志愿者和自闭症小朋友一起动手作画，同时进行网络直播，星缘守护的众筹项目与直播同步上线。本次众筹的目标是为自闭症孩子圆一个电影梦。

何宁宁表示此次众筹所募集款项将全部用于为孩子们打造一部由真实

孩子出演，还原自闭症儿童生活现状的电影，希望能让屏幕前的观众更了解他们，带来更多的爱与关怀。网红在行动，电商平台也在行动。2016 年 7 月 13 日，菜鸟网络和阿里巴巴公益、壹基金、德邦快递等宣布启动“一键公益”项目，通过菜鸟裹裹 APP（图 6-22）提供公益捐赠上门揽收、全程走向可追溯等服务，做到“让捐赠直通互联，让公益没有黑洞”。这是我国首个实现捐赠物全流程追踪的在线捐赠系统。

图 6-22 菜鸟裹裹 Logo

目前，菜鸟裹裹已实现捐赠物在用户到公益组织间的全程追踪，未来菜鸟裹裹将上线公益组织至受捐人间的捐赠物追踪，从而实现完整的捐赠物全流程追踪系统。在菜鸟裹裹的应用界面中，还专门设有捐赠衣物和捐赠书籍的公益寄件功能，让用户也能完成最简单的公益。

党和国家高度重视扶贫开发工作，社会各界积极响应号召参与其中。在“互联网 +”大环境下，电商扶贫成为帮助贫困地区快速脱贫致富的有效途径。能为国家发展做出贡献，在付出的同时既能收获国家重视，又能收获用户的口碑，电商何乐而不为呢？

6.3.2 原创保护——不能模仿扫倒一片人

电商发展迅猛，但诸多弊病也暴露无遗。假货和抄袭都是既损害商家利益，又损害消费者权益的毒瘤。到处可见的假货和随心所欲的抄袭对商家造成了隐性的伤害。拒绝抄袭，是每个电商企业和网红都应该做到的基本要求。

辛辛苦苦设计研发出来的新产品，上架没多久就看到几乎完全相同的产品出现在另一家店面，而且可能卖得比自己还要好，这严重打击了原创品牌创新发展的积极性，也不利于整个电商行业的长远发展。因此，原创保护必须提上日程，完善相关法律法规刻不容缓。

在 2015 年，唯品会和聚美优品（图 6-23）之间爆发了一场“抄袭与自保”的事件。4 月 17 日，聚美优品高级副总裁刘惠璞发表长微博，指责唯品会涉嫌售假、盗用授权、抄袭文案。大致情况是聚美优品进口了一批韩国美妆品牌产品，在自家网站上线不久后，发现唯品会也上线了类似的网页，包括产品介绍、文案详情、模特头像等，几乎与聚美优品一模一样。

图 6-23　聚美优品 Logo

刘惠璞展示的截图显示，在唯品会上售卖的多个产品页面上，都含有聚美优品的 Logo，甚至“聚美独家”、“聚美首发”的字样都还在。一时间，抄袭又成了电商界讨论的关键词。

唯品会如此回应：“唯品会一向出售的产品都是合法授权正品，并且有太平洋正品保险确保消费者安心购物。我们通过与品牌方或者品牌方授权的合法经销商合作，从正规合法渠道采购商品。”此外，唯品会还表示“这些美妆产品的页面设计由供应商提供。此次出现的页面问题是唯品会对供应商提供的页面设计审核不严格造成的，但产品是一点问题都没有的，都是合法正品。这次事件也透露出我们在页面设计审核上不够严格。公司已经再次强化了页面审核机制，确保不再出现同样的问题。”

抄袭的本质源自自身实力的薄弱或者投机倾向，而这两种情况下的任何一种，都不是长久之计，最终为之买单的还是消费者，也会导致行业的混乱，是整个电商行业发展不健康的隐患所在。市场经济大环境下，新事物都有一个从无序到有序的过程，但我们还是期待原创得到足够保护的那天的到来。

6.3.3 尺度风险——该露什么不该“露”什么

直播变现也算是电商模式的一种，而直播，其网络违法现象更是层出不穷。部分只追求经济利益，抛弃了良心和社会责任的网络企业对直播平台的网络主播审核不严，大打低俗色情擦边球，某些直播房间成了传播低俗的大本营。直播平台、网红和利用网红直播引流的电商都需要知道。

2016年4月13日，北京20家网络直播平台联合公布《北京网络直播行业自律公约》，表明要营造纯净有序的直播行业。两个月不到，当初信誓旦旦的直播平台就被自己狠狠地打脸。6月1日，六间房、酷我、花椒、在直播、映客、69秀、黑金直播等9家直播平台40名主播因涉黄被永久封禁（图6-24），这是《公约》发布后因违规首批被列入黑名单的主播。

图 6-24　首批主播黑名单公布

《公约》难道形同虚设吗？既然发布就要遵守，永久封禁不但给了不安分的主播惩罚，也给了其他漏网之鱼和有不轨之心的主播重重的一击。商业变现也要有尺度。“直播 + 网红 + 电商”是网红经济快速变现的最有效方式之一，甚至有很多人认为“之一”二字可以去掉。

变现方式有以下几种：直播收到的虚拟礼物变现、网红通过直播宣传个人店铺、电商与网红联手打造活动。网红不但活跃在各大直播平台，淘宝、苏宁、蘑菇街等电商平台也开通了直播功能，势必要通过网红收获更多的利润。淘宝在推出直播平台后立即推出了“淘宝直播平台公约”（图 6-25），明确规定了淘宝的尺度，违反公约者，将会视情节予以 7 天、30 天、永久禁言或封号处理。

网红和各大电商平台该露给用户看的，是他们出色的创意和明确的底线。不该露给群众看的是那些偷偷摸摸的小动作和为博眼球的衣不蔽体。规矩就是规矩，即使没有明文规定，尺度在心，网红和电商平台切勿做那些违背本心的事情，即使短期获利，其中隐患也会在日后爆发，贻害无穷。

图 6-25　淘宝直播平台公约

6.3.4　隐私问题——你玩直播，别人同意吗

由于网络相关的法律法规还有待完善，不少人开始钻法律的空子，不少无辜网友隐私频频被泄露，保护隐私成为网友们关注的首要焦点。在新兴直播行业，隐私泄露这个问题也无法避免，很多人为了变现更多的虚拟礼物不择手段，竟然采取偷拍这种不正当的方式博人眼球。

2016 年 8 月初，自媒体“民航小报”发表的一篇题为《北京空姐注意！变态滴滴男司机专门偷拍空姐直播》的文章在网上疯传，引起网友广泛关注。文章表示，滴滴司机孔某刻意深夜在机场附近接空姐，并在空姐不知情的情况下，偷拍进行直播，诱导其暴露个人隐私（图 6-26）。过程大致如下：在凌晨，空姐下班后在首都机场附近通过滴滴软件发出订单，孔某接单。

图 6-26　偷拍空姐直播截图

空姐上车后，孔某以后座放有物品为由要求她坐在副驾驶座。在行程中，孔某引导空姐聊个人感情生活及公司工作情况，在此过程中孔某并未告知乘客他正在做直播，空姐也没有发现。这条新闻一出，网友哗然：网络秩序已经败落到如此程度了？后来据调查，司机孔某为熊猫 TV 的签约主播“三胖”。多个网友的截图显示，他曾以一些不堪入目的标题为名直播自己与空姐在车内的对话。他把手机摆放在挡风玻璃中部位置，未经空姐同意偷偷摸摸开始了直播（图 6-27）。

图 6-27　主播三胖被封禁

舆论鼎沸之时，熊猫 TV 采取手段，封禁“三胖”三天。其本人也发博表示：“对不起大家……”不过他为自己辩解：“说的话都是为了节目效果，为了搞笑。我说的话比较多，不存在任何变态行为。”不管他到底是为了节目效果还是怎样，最终他都侵犯了空姐的隐私权。网友纷纷表示：“这种恶劣行为，怎么才能封禁三天呢？”

每一位主播想要偷拍之前先问问自己，你玩直播，别人同意吗？别被那些虚拟的礼物蒙住了双眼，丧失了良心。隐私问题是不存在争议的，每个人的隐私都不可泄露，每个人的隐私都值得保护，没人有权利侵犯任何一个公民的隐私权。

6.3.5 【例】阿怡代打，毁的到底是谁

2016 年网红崛起，其中有一个群体“游戏主播”借着网红经济和电子竞技的东风快速发展壮大，知名的游戏主播身价竟然过亿元。在网友们纷纷感叹网红吸金力的同时，一位游戏主播似乎不甘寂寞，狠狠地搞了一番“幺蛾子”出来，她就是主播代打风波的主角——阿怡，斗鱼 TV 旗下（图 6-28）的人气女主播。她的代打行为不仅断送了自己游戏主播的前程，还让整个游戏直播行业洗牌，电竞圈也开始整顿这种恶劣的欺骗行为。她的代打究竟是怎么一回事？

5 月 18 日起，微博上一位名为“LOL 小鸿”的网友上传了斗鱼女主播阿怡直播代打的证据，但阿怡立刻否认，也宣布会组建职业战队来参加线下比赛证明自己，并打算通过法律途径来解决问题。但否认并没有让这则消息热度降低，网友质疑的同时，同行主播也纷纷站出来指责阿怡这种代打行为。连电竞圈的金主，王思聪也发了一篇批判阿怡代打行为的长微博，更加把此事推上了头条。

图 6-28　斗鱼 TVLogo

随后阿怡直播时候为了回应这一事件，终于把摄像头对准了自己的双手，可惜操作实在是和之前相差甚远，还陷入了无限连跪，网友们纷纷用弹幕吐槽（图 6-29）。最后阿怡说了一句“演不下去了”就匆匆关闭了直播。本次直播和阿怡的表现已经印证了代打一说。

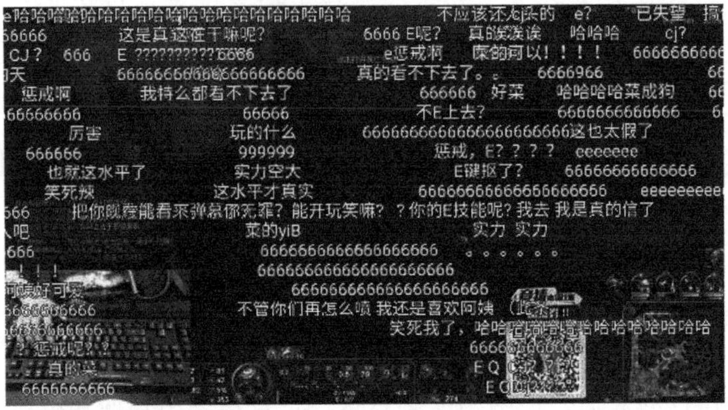

图 6-29　阿怡露手直播水平遭网友质疑

直播结束后，本来嘴硬的阿怡发布了一条长微博承认代打行为，随后斗鱼平台也公布了对于刘佳怡事件的声明，给予阿怡封禁十年的严肃处分，并承诺将她过往和未来直播礼物所得用于公益事业。至此，代打事件的风波才算结束。阿怡代打是为了什么？

为了使自己的身价更高，变现更多。大多游戏主播都会开一个淘宝店，阿怡也不例外。她的外设店还没有达到皇冠店，但是零食店已经有了四个皇冠（图 6-30），足见人气之高。这次代打事件一出，阿怡人气大减，毕竟信誉问题很难挽回。

图 6-30　阿怡零食淘宝店

虽然阿怡的零食店还在运营，可销量却是远远赶不上从前了，只能靠着以前积累的粉丝量度日，成了最普通不过的一个淘宝零食店。阿怡代打不仅毁了自己，还毁了淘宝店的供应商，甚至毁了整个游戏主播群体以前塑造的良好形象。如此赔了夫人又折兵的事情，是阿怡以前万万想不到的。